息づかい、やさしい笑顔に出会う

つらぎ 飛鳥・吉野大峯
＋十津川・桜井宇陀・大和高原

【表紙写真】
十津川村果無（はてなし）集落（P67）
熊野への参詣道の一つである「小辺路（こへち）」は、民家の横を通り果無峠へと続いていきます。

表紙写真／都甲ユウタ　裏表紙写真／越出進哉

CONTENTS

- 002　アクセス
- 003　広い空が待っている もうひとつの奈良旅へ出かけるよ
- 004　コンセプト
- 006　奈良県全域マップ
- 007　その他詳細マップ

008　訪ねたくなる風景

018　天降る里、かつらぎを行く
- 019　かつらぎエリアマップ
- 020　葛城古道を行く
- 022　二上山の麓を歩く
- 024　「日本」の英雄、この地にあり

026　くるりのぐるめぐり
- 027　郷土食
- 028　山道の向こうにおいしいものが待っている！
- 032　早起きしてでかけたい10のカフェ
  緑に埋もれるカフェ、旧街道とカフェ、&「　」のあるカフェ

036　中南部のポータル都市 橿原早わかり

040　飛鳥・奥飛鳥
- 040　飛鳥エリアマップ
- 042　飛鳥定番スポットの楽しみ方
- 045　飛鳥のさらなる深淵、奥飛鳥の魅力
- 048　「飛鳥に漂う、神々の気配」
  飛鳥坐神社 飛鳥宮司インタビュー

- 049　教えて村田先生！
  まだ知らない奈良に出会う はじめの一歩
- 050　マンガ「村田右富実先生と行く！古墳めぐり」

052　自然と人がともにある場所 吉野大峯
- 053　吉野大峯エリアマップ
- 054　いろんな顔あります 吉野町
- 056　オフシーズンも楽しめる桜の名所吉野山
- 058　奥吉野ダイジェスト
- 059　大峯山麓の山里 天川村
- 060　レトロな別世界 洞川温泉街
- 061　天川村の立ち寄り湯、有名どころ
- 062　世界遺産「紀伊山地の霊場と参詣道」
  信仰の道が行き交う 吉野・大峯

064　日本一でっかい村 十津川を旅する
- 065　十津川エリアマップ
- 066　王道の旅 まず訪ねておきたい名所
- 067　小辺路の旅 泊まって歩こう世界遺産
- 068　秘境の旅 あっと驚く景色に会いに
- 069　十津川村の食べる・買う
  ちょっと隣県へ ここは「熊野」

- 070　花暦 花も団子もお酒もね

076　桜井・宇陀 まほろば大和は、国のはじまり
- 077　桜井宇陀エリアマップ
- 078　桜井エリア
- 080　宇陀エリア
- 082　神武さんの御蹟
- 083　大和の竜神信仰は室生に源流あり
- 084　そば天国！

086　奈良で拝んできました
お会いしたい仏様 消しゴム版画とともに

090　大和高原は天空の里
- 090　大和高原エリアマップ
- 092　天空の茶畑を求めて、大和茶をめぐる冒険
- 094　謎の巨石と、山添の自然遊び
- 096　古代都祁国と、大和高原のお散歩
- 098　月ヶ瀬梅林と、湖畔の絶景

100　なつかしの旧校舎を訪ねて

104　ゆるり宿
- 104　山のあなたの空に近い宿へ
- 106　街道沿いの古民家宿
- 107　農家民宿は楽しい美味しい
- 108　いい湯いい味は旅の醍醐味

110　そうだ、買い出しに行こう！
- 110　旅行けば道に駅あり いい湯だ奈良
- 112　naraマルシェ
- 113　味の決め手は地元の醤油
  やっぱり肉が好き！
- 114　スイーツ＆パン
- 116　自分用にも欲しくなる新・奈良みやげ

118　奈良旅手帖セレクト 年中行事
いつもどこかでお祭りが！

- 122　インデックス
- 124　レンタカー情報

東京方面より奈良県へのアクセス

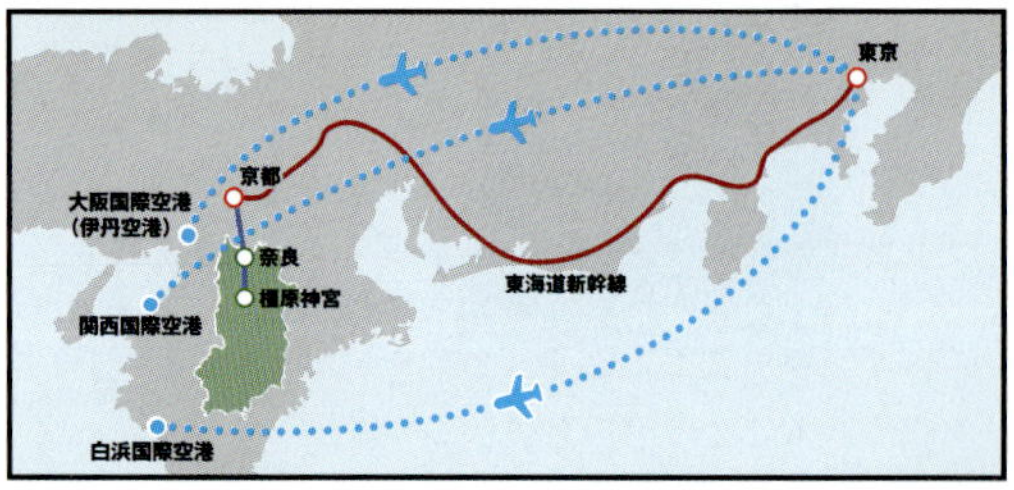

電車の場合

JR東京駅より新幹線で京都駅へ。京都駅で乗り換え、近鉄奈良駅、近鉄大和八木駅または近鉄橿原神宮前駅へ

飛行機の場合

羽田空港より大阪国際空港または関西国際空港へ
リムジンバスにて近鉄奈良駅・近鉄大和八木駅・高田市駅・桜井駅へ
(約1時間～1時間30分)
※十津川村へは南紀白浜空港からレンタカー利用も便利(約2時間30分)

各エリアへのアクセス

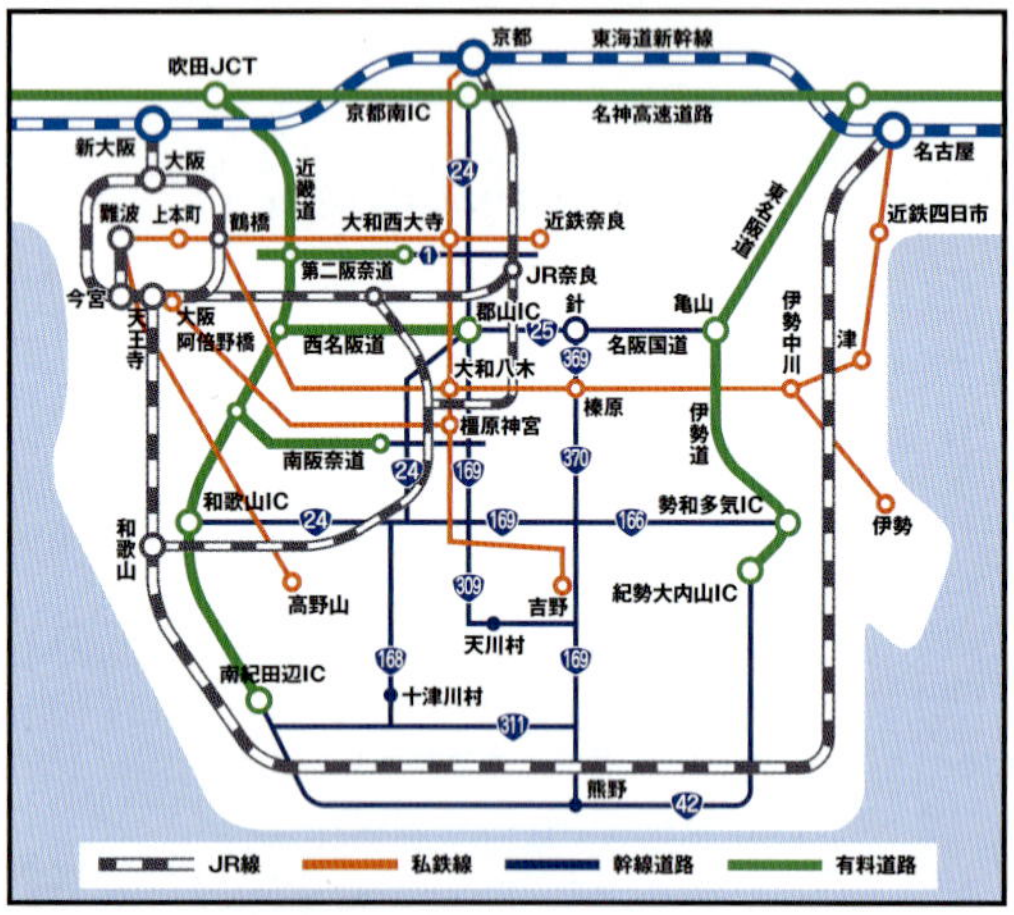

かつらぎエリア【御所市】

電車の場合
・【大阪から約40分】
大阪阿部野橋駅＜近鉄南大阪線＞尺土駅＜近鉄御所線 ＞近鉄御所駅
または
天王寺＜JR関西本線(大和路線)＞王寺駅＜JR和歌山線＞近鉄御所駅
・【京都から約1時間30分】
京都＜近鉄京都・橿原線＞近鉄橿原神宮前駅＜近鉄南大阪線＞尺土駅＜近鉄御所線＞近鉄御所駅
・【名古屋から約2時間30分】
近鉄名古屋＜近鉄名古屋・大阪線＞大和八木駅＜近鉄橿原線＞
橿原神宮前駅＜近鉄南大阪＞尺土駅＜近鉄御所線＞近鉄御所駅

車の場合
・南阪奈道路 葛城IC より 県道30号(通称:山麓線)にて約30分
・西名阪自動車道 香芝ICより県道5号・R24にて約30分

飛鳥エリア【飛鳥】

電車の場合
・【大阪から約45分】
大阪阿部野橋駅＜近鉄南大阪線・吉野行＞飛鳥駅
・【京都から約60分】
京都＜近鉄京都・橿原線＞近鉄橿原神宮前駅＜近鉄吉野線＞飛鳥駅
・【名古屋から約2時間】
近鉄名古屋＜近鉄名古屋・大阪線＞大和八木駅＜近鉄橿原線＞
橿原神宮前駅＜近鉄吉野線＞飛鳥駅
※橿原神宮前駅、JR・近鉄桜井駅から、岡寺前行きバスを利用も便利

車の場合
・西名阪自動車道 郡山ICよりR24にて約45分
・名阪国道 天理ICよりR169にて約45分

吉野・大峯エリア【吉野町】

電車の場合
・【大阪から約1時間20分】
大阪阿部野橋駅＜近鉄南大阪線・吉野行＞吉野駅
・【京都から約2時間】
京都＜近鉄京都・橿原線＞近鉄橿原神宮前駅＜近鉄吉野線＞吉野駅
・【名古屋から約3時間】
近鉄名古屋＜近鉄名古屋・大阪線＞大和八木駅＜近鉄橿原線＞橿原神宮前駅＜近鉄吉野線＞飛鳥駅近鉄橿原神宮前駅＜近鉄吉野線＞吉野駅
※近鉄吉野駅よりロープウェイで吉野山駅へ

車の場合
・西名阪自動車道 郡山ICよりR24・R169にて約1時間
・阪和自動車道 美原JCTより南阪奈道路 葛城IC～R165(高田バイパス)橿原経由 R169にて約1時間
・名阪国道 針ICよりR370経由R169にて約1時間

【天川村】

電車の場合
・【大阪から約1時間】
大阪阿部野橋駅＜近鉄南大阪線・吉野行＞下市口駅
・【京都から約1時間30分】
京都＜近鉄京都・橿原線＞近鉄橿原神宮前駅＜近鉄吉野線＞下市口駅
・【名古屋から約2時間】
近鉄名古屋＜近鉄名古屋・大阪線＞大和八木駅＜近鉄橿原線＞
橿原神宮前駅＜近鉄吉野線＞下市口駅
※近鉄下市口駅よりバスで村内各所へ(約1時間)

車の場合
・阪和自動車道 美原JCTより南阪奈道路 葛城IC～R165(高田バイパス)橿原経由R169・R309にて約1時間30分
・西名阪自動車道 郡山ICよりR24・R169・R309にて約1時間30分
・名阪国道 針ICよりR370経由R169・R309にて約1時間30分

十津川エリア【十津川村】

電車の場合
・近鉄大和八木駅よりバスにて約4時間で十津川村役場へ
※近鉄橿原神宮前駅・近鉄大和八木駅からはレンタカーも
(レンタカー情報はP.124)

車の場合
・阪和自動車道 美原JCTより南阪奈道路 葛城IC～R165(高田バイパス)五條本陣交差点経由 R168にて約3時間
・西名阪自動車道 郡山ICより 五條本陣交差点経由 R168にて約3時間
・阪和自動車道 南紀田辺ICよりR311・R168にて約2時間30分

桜井・宇陀エリア【桜井市】

電車の場合
・【大阪から約45分】(榛原駅に停車する特急あり)
近鉄上本町駅<近鉄大阪線>JR・近鉄桜井駅
・【名古屋から約110分】(榛原駅に停車する特急あり)
近鉄名古屋駅<名阪乙特急>近鉄名張駅<近鉄大阪線>JR・近鉄桜井駅
・【京都から約60分】
近鉄京都駅<近鉄京都線>近鉄大和西大寺駅<近鉄橿原線>
近鉄大和八木駅<近鉄大阪線>JR・近鉄桜井駅

車の場合
・西名阪自動車道・名阪国道 天理ICよりR169にて約30分
・R24にて奈良から約45分

桜井・宇陀エリア【宇陀市】

電車の場合
・【大阪から約45分】(榛原駅に停車する特急あり)
近鉄上本町駅<近鉄大阪線>近鉄榛原駅
・【名古屋から約100分】(榛原駅に停車する特急あり)
近鉄名古屋駅<名阪乙特急>近鉄名張駅<近鉄大阪線>近鉄榛原駅
・【京都から約60分】
近鉄京都駅<近鉄京都線>近鉄大和西大寺駅<近鉄橿原線>
近鉄大和八木駅<近鉄大阪線>近鉄榛原駅

車の場合
・名阪国道 針ICからR369にて約20分
・R165にて桜井から約20分、名張から約30分

大和高原エリア【山添村】

電車の場合
・JR・近鉄天理駅もしくは近鉄上野市駅(三重県)からのバス

車の場合
・西名阪自動車道 天理ICより名阪国道 山添ICまで約30分
・東名阪自動車道 亀山ICより名阪国道 山添ICまで約1時間

大和高原エリア【都祁村】

電車の場合
・JR・近鉄天理駅もしくは近鉄榛原駅からのバス

車の場合
・西名阪自動車道 天理ICより名阪国道 針ICまで約20分
・東名阪自動車道 亀山ICより名阪国道 針ICまで約1時間

本書記載についてのご注意

●本書に記載している情報は、2015年2月現在のものです。データや地図の地名、各施設のサービス内容などは変更になる場合があります。
●商品、サービス、料理の内容・価格は変更になる場合があります。また、時期により提供内容が変わる場合があります。あらかじめご了承ください。
●表示価格は消費税込みです。店舗の都合により一部「本体＋税」の表示もあります。価格は諸事情により変更される場合がありますので、あらかじめご了承ください。
●年末年始、季節休業、その他特別な休日は記載していない場合がありますので、訪問の際は事前に各施設にご確認ください。

広い空が待っている
もうひとつの
奈良旅へ出かけるよ

企画・編集／すながわみほこ

奈良市の団地育ち、金魚の町・大和郡山市在住。地元のミニコミ紙発行会社編集部をフリダシに、主に奈良県内の観光・生活・地域情報媒体でぼちぼち仕事中。奈良好き仲間と雑貨店を営み、時々、家業の４坪本屋の店番担当。

企画・編集／もりきあや

生後１ヶ月から現在に至るまで奈良暮らし。２児（これを書いている時点では６歳＆５ヶ月）の母で、フリーライター。時には母や子どもを連れ回しながら、歩いて書くことを楽しんでいる。著書に「おひとり奈良の旅」（光文社知恵の森文庫）。

奈良に住み、早いもので三十六年になります。
ベビーカーに乗って御陵の道を散歩し、
古墳で草すべりをしていました。
(これは後になってわかったことです)
まだ何もなかった平城宮跡で
凧揚げをするのが正月の恒例。
学生時代には遠足や写生会で奈良公園へ。
私にとって奈良は、特別ではなく生活するところでした。

「奈良のことをもっと知りたい」
と思うようになったのは、おとなになってから。
早朝の春日大社や、夕暮れの東大寺二月堂。
平城宮跡に集まるツバメたち、
懐かしい匂いのする喫茶店。
奈良に暮らしながら、奈良を旅するようになって、
好きな場所が一つ、もう一つと増えていきました。
その頃からでしょうか。
平城(なら)の都とはちょっと違う
ところも知りたくなったのは。

うろうろ、ぶらぶらとするうちに、
おおらかな自然や、悠々とたゆたう歴史、
あたたかな人たちの笑顔に出会いました。
それに…昔々この地に生きた先人たちと、
時間を超えて話せるような、
不思議な感覚もあるのです。
私の大切に思う風景、人、空気。
あなたに少しでも届けばいいなと思います。
そしてもう一つの奈良を旅したくなってくれたなら、
うれしいです。

私もまだまだ旅の途中。
のんびりと愉しみながら、お待ちしています。

もりきあや

奈良県全域 MAP

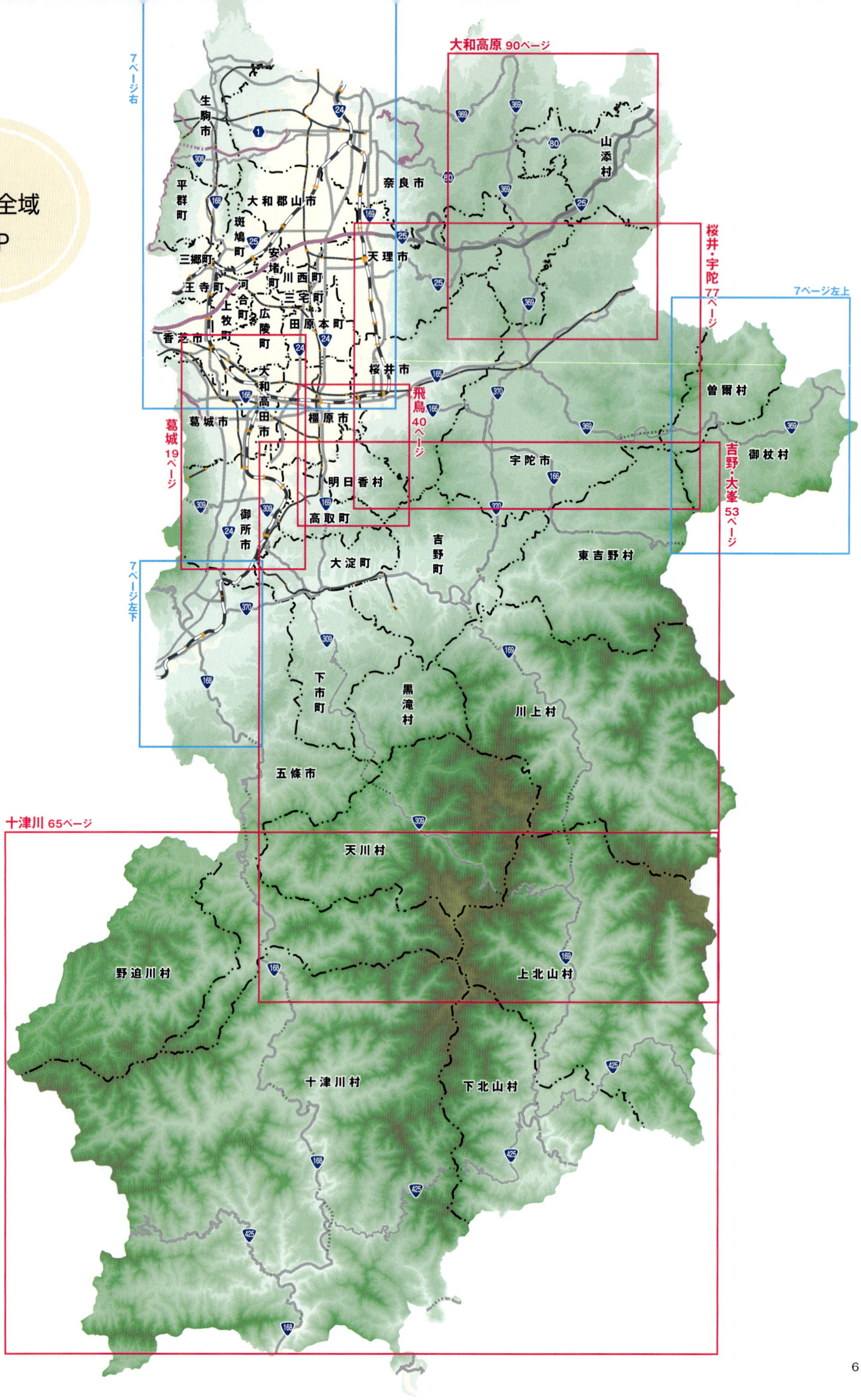

7ページ右
大和高原 90ページ
生駒市
平群町
奈良市
山添村
大和郡山市
斑鳩町
安堵町
三郷町
天理市
川西町
王寺町
河合町
三宅町
上牧町
広陵町
田原本町
桜井・宇陀 77ページ
7ページ左上
香芝市
桜井市
大和高田市
曽爾村
飛鳥 40ページ
葛城市
橿原市
葛城 19ページ
宇陀市
吉野・大峯 53ページ
御杖村
明日香村
高取町
御所市
吉野町
東吉野村
大淀町
7ページ左下
下市町
黒滝村
川上村
五條市
十津川 65ページ
天川村
野迫川村
上北山村
十津川村
下北山村

その他詳細
MAP

伊賀市
名張市
宇陀市
津市
曽爾村
曽爾高原(P.12)
曽爾高原お亀の湯(P.110)
みつえ温泉姫石の湯
道の駅伊勢本街道御杖(P.110)
みつえ体験交流館(P.102)
御杖村
川上村
松阪市
10km
N

千早赤阪村
千早駅
御所市
ばあく(P.31)
10km
N
北宇智駅
パン工房ヤムヤム(P.115)
パティスリークリアン(P.114)
五條市
五条駅
橋本市
大和二見駅
千珠庵きく川(P.75)
やなせ屋(P.106)
隅田駅
農悠舎王隠堂(P.30)
こもれび(P.117)
賀名生梅林(P.75)

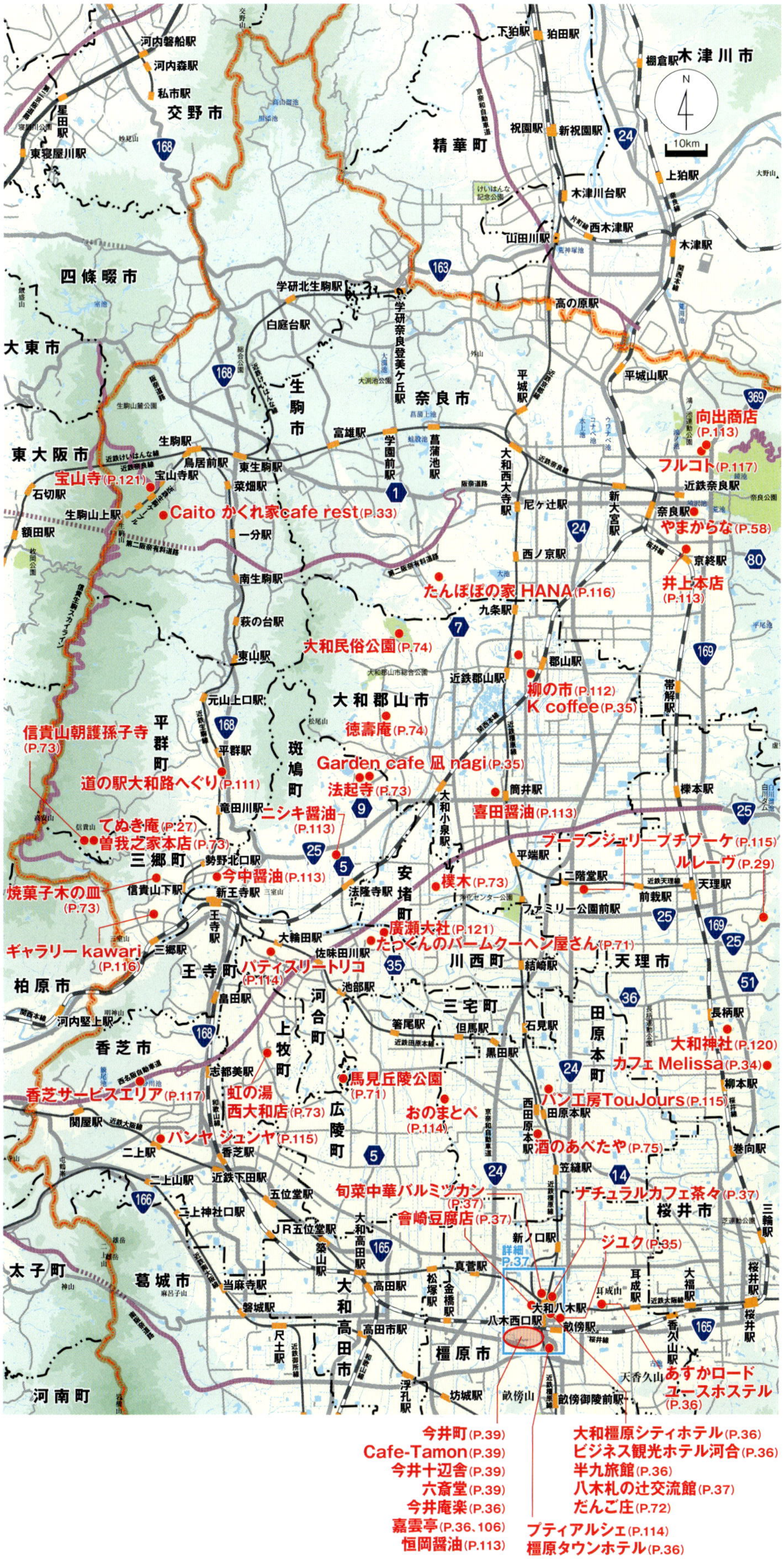
木津川市
精華町
交野市
四條畷市
大東市
東大阪市
生駒市
奈良市
10km
N
向出商店(P.113)
フルコト(P.117)
宝山寺(P.121)
Caito かくれ家cafe rest(P.33)
やまからな(P.58)
井上本店(P.113)
たんぽぽの家 HANA(P.116)
大和民俗公園(P.74)
大和郡山市
柳の市(P.112)
K coffee(P.35)
信貴山朝護孫子寺(P.73)
平群町
徳壽庵(P.74)
Garden cafe 凪 nagi(P.35)
道の駅大和路へぐり(P.111)
斑鳩町
法起寺(P.73)
ニシキ醤油(P.113)
喜田醤油(P.113)
てぬき庵(P.27)
曽我之家本店(P.73)
ブーランジュリーブチブーケ(P.115)
ルレーヴ(P.29)
三郷町
今中醤油(P.113)
安堵町
樸木(P.73)
焼菓子木の皿(P.73)
廣瀬大社(P.121)
たっくんのバームクーヘン屋さん(P.71)
ギャラリー kawari(P.116)
王寺町
パティスリートリコ(P.114)
川西町
天理市
柏原市
河合町
三宅町
香芝市
上牧町
田原本町
大和神社(P.120)
カフェ Melissa(P.34)
馬見丘陵公園(P.71)
香芝サービスエリア(P.117)
虹の湯
西大和店(P.73)
おのまとぺ(P.114)
パン工房TouJours(P.115)
広陵町
パンヤ ジュンヤ(P.115)
酒のあべたや(P.75)
旬菜中華バルミツカン(P.37)
ナチュラルカフェ茶々(P.37)
桜井市
曽崎豆腐店(P.37)
ジユク(P.35)
詳細P.37
太子町
葛城市
大和高田市
橿原市
河南町
あすかロード
ユースホステル(P.36)
今井町(P.39)
Cafe-Tamon(P.39)
今井十辺舎(P.39)
六斎堂(P.39)
今井庵楽(P.36)
嘉雲亭(P.36、106)
恒岡醤油(P.113)
大和橿原シティホテル(P.36)
ビジネス観光ホテル河合(P.36)
半九旅館(P.36)
八木札の辻交流館(P.37)
だんご庄(P.72)
プティアルシェ(P.114)
橿原タウンホテル(P.36)

訪ねたくなる風景

四季の風景・春

桜井市 大美和の杜《おおみわのもり》

MAP:P77-A2

展望台からの夕景。桜井・三輪の街に、家々の明かりがちらちらと灯り始めるころ。街を象徴する大神《おおみわ》神社の鳥居が、昼間よりもくっきりとその存在感を増す。遠方には青垣がかすみ、手前には大和三山の一つ、耳成山《みみなしやま》がやわらかなシルエットで浮かんでいる。平らな盆地に、誰かがそこだけポコリと形を整えて盛ったよう。春のまどろみのような、幻想的なグラデーションが美しい。

写真／MIKI

四季の風景・夏

十津川村 瀞峡《どろきょう》

MAP:P65-B2

同じ奈良県内ではあるけれども、十津川が見せてくれる風景はまったく違う趣がある。奈良市内からはたっぷりめに見積もって5時間のドライブ。けっして近場ではないけれど、思いきって出かけてみてもらいたい。日頃の疲れや悩みがちっぽけに思えるほど、悠々とした自然が包み込んでくれるから。そしてここ瀞峡に来たならば「川舟かわせみ」がおすすめ。ふとエンジンを止めて水に漂うときの心地よさを体感してみて。（詳細はP68へ）

写真／都甲ユウタ

四季の風景・秋

吉野町 高城山展望台《たかぎやまてんぼうだい》

MAP:P53-B2

春、桜色に染まる吉野山の華やかさには、心奪われるものがある。もちろんその時期も楽しんでもらいたいのだけれど、吉野山は秋もいい。陽に透けて燃えるように輝く紅葉は、短い秋の醍醐味。写真の高城山展望台には駐車場もあり、訪ねやすい。また、吉野山の鎮守、金峯神社《きんぷじんじゃ》から山道を歩いて辿り着く「西行庵」に身を置くと、美しさと寂しさが一緒に込み上がってくるよう。おいしいものを食べながらの社寺めぐりなら、どの季節にもそれぞれの良さがある。

写真／MIKI

四季の風景・冬

明日香村 八釣《やつりのさと》の里

MAP:P40-B2

わが里に大雪降れり大原の古《ふ》りにし里に降らまくは後《のち》（万葉集・巻二より）。これは天武天皇が夫人である藤原夫人《ふじわらのぶじん》に送った歌。飛鳥《あすか》坐神社《にいますじんじゃ》の東に、歌に詠まれた大原の里がある。藤原夫人は藤原鎌足の娘であり、大原の里は藤原一族の本拠地であったところ。写真は大原の隣り、八釣の里に降る雪と、春は近いと報せる蠟梅《ろうばい》。万葉の時代を垣間みるような、懐かしい風景が訪れる人を迎える。

写真／MIKI

空のある風景.1

曽爾村 曽爾高原《そにこうげん》山灯り《やまあかり》

MAP:P7

雄大な曲線を描く曽爾高原は秋、一面のススキに包まれる。風になびくススキの間をハイキングしていると、まるで自分が小さな虫にでもなったかのような楽しさがある。高台に来て見渡すと、心の透くような景色。夕日に照らされると、不思議なほどにきらめくのだ。金色とも銀色とも見える、ススキが織り成すなめらかな絨毯《じゅうたん》。そんな秋の夕暮れから夜にかけて、灯籠《とうろう》の灯りがともる行事が山灯りである。（詳細はP120へ）

写真／MIKI

空のある風景.2

上北山村 大台ケ原《おおだいがはら》

MAP:P53-C3

　三重県との県境にある大台ケ原は、展望地の多い東大台と、原生的な森林を守る西大台とに大きく分けられる（環境保護のため西大台へは入山手続きが必要）。トウヒの木々の分布を見れば、氷河期から現在に至るまでの気温の変化が読み取れるという。ヒトが営んできた歴史をひもとくのも奈良を旅する楽しみだが、台地が紡いできたダイナミックな歴史にひたるのもまた悠々として爽快。ハイカーでにぎわう東大台の絶景ポイント大蛇嵓《だいじゃぐら》にて。

写真／都甲ユウタ

田んぼのある風景.1

御所市 葛城《かつらぎ》のみち

MAP:P19-A3

古代の豪族・葛城氏発祥の地であり、記紀のエピソードが風景に溶け込む「かつらぎ」。秋口には田園にたくさんの彼岸花が咲き、頭の垂れた稲穂がある豊かさをより引き立てる。奥に見えるのは葛城一言主神社《ひとことぬしじんじゃ》。「悪事《まがごと》も一言、善事《よごと》も一言、言い離《はな》つ神」であるという。地元では親しみを込めて「いちごんさん」と呼ばれ、願い事を叶えてくれる神様として今も信仰を集める。

写真／MIKI

田んぼのある風景.2

桜井市 吉隠《よなばり》

MAP:P77-B1・2

棚田が織り成す風景が美しい。稲が実り、収穫した稲籾を荷台に積む人がいて、その向こうで電車が時折走り抜ける。自然の中で人が共に暮らし、今日に至るまでこうして営んできたことに、心が安らぐ。吉隠の西にある初瀬《はせ》には「隠国《こもりく》の」という枕詞があり、これは奥深い山間に隠れるようにある地のことを示す。吉隠という地名にも、あるいは同じような意味があるのかもしれない。

写真／越出進哉

祭りのある風景.1

桜井市 大神神社《おおみわじんじゃ》・繞道祭《にょうどうさい》

MAP:P77-A2

毎年元旦、新年の幕開けとともに執り行われる繞道祭。「ご神火《しんか》まつり」、地元では「おたいまつ」とも称され、大和の新年はこの祭りで明ける。

繞《にょう》とは、「巡る」という意味で、松明《たいまつ》が三輪山麓の摂社・末社を駆け巡る。写真は摂社の桧原神社で撮影されたもの。松明の火に照らされた古式の鳥居と、遥か向こうに見える二上山のシルエットが印象的である。(詳細はP121へ)

写真／MIKI

祭りのある風景.2

天川村
大峯山洞川温泉《おおみねさんどろがわおんせん》・
行者《ぎょうじゃ》まつり

MAP:P53-B2

大峯山の開祖である役行者《えんのぎょうじゃ》は、各所にいまだその影響を色濃く残すマジカルな人物。あるとき冤罪で島流しにされてしまう（『日本霊異記』より）が、晴れて無罪となり大峯山に戻った際、民が喜び迎えた様子を表現したのがこの祭りである。温泉街の提灯の下、ひょっとこ踊りに参加するこの二人、何を話しているのだろうか。こうして子どもたちへ地域の風物詩が継がれて行く様子を見ると、なぜだかほっと安心する。

写真／MIKI

P.52下も

天降《ふ》る里、葛城《かつらぎ》古道《こどう》を行く

葛城山と金剛山は神々が坐《ざ》す、天降る聖地。
数々の神話に彩られ、古代豪族が栄えた神話のふるさとである。
その麓《ふもと》を南北に走るのが葛城古道。
道沿いには神気に満ちた古社や古代の遺跡、
荘厳な名刹《めいさつ》が数多く、行くほどに古代ロマンに出会う。
ふと見渡せば大和三山の雄大なパノラマ、
包み込むのは懐かしい里景色。
遥かな時が積もる「日本の原風景」と出会う道でもある。

神々が暮らし、スーパースターが空を飛ぶ

はじまりの地、古代葛城

神々が住まう高天原《たかまがはら》伝承地の一つであり、天照大神《あまてらすおおみかみ》の孫ニニギノミコトはこの地より葦原中つ国《あしはらのなかつくに》を治めるため、地上へ降ったという。

古代より祈りの聖地であった葛城には、数多くの神話が残る。大和朝廷が開く以前から古代豪族の葛城氏や鴨氏が強大な勢力をふるい、巨大古墳や名高い遺跡が遥かな栄華を今の世に知らしめる。

そして「天孫降臨」伝説の聖なる山・葛城山から金剛山はまた、修験道《しゅげんどう》のスーパースターも生み出した。修験の開祖とされる役行者《えんのぎょうじゃ》は鴨氏の直系子孫でこの地の出身。葛城・金剛山で修行を積んで空を飛び、各地の山野を駆け抜けた。ほかにも東大寺の大仏建立で知られる行基《ぎょうき》など、多くの僧がこの山で高い法力を得て名僧となり、世の人々を導いたという。

それもこの山には霊力の大変強い神々が坐するから。たとえば

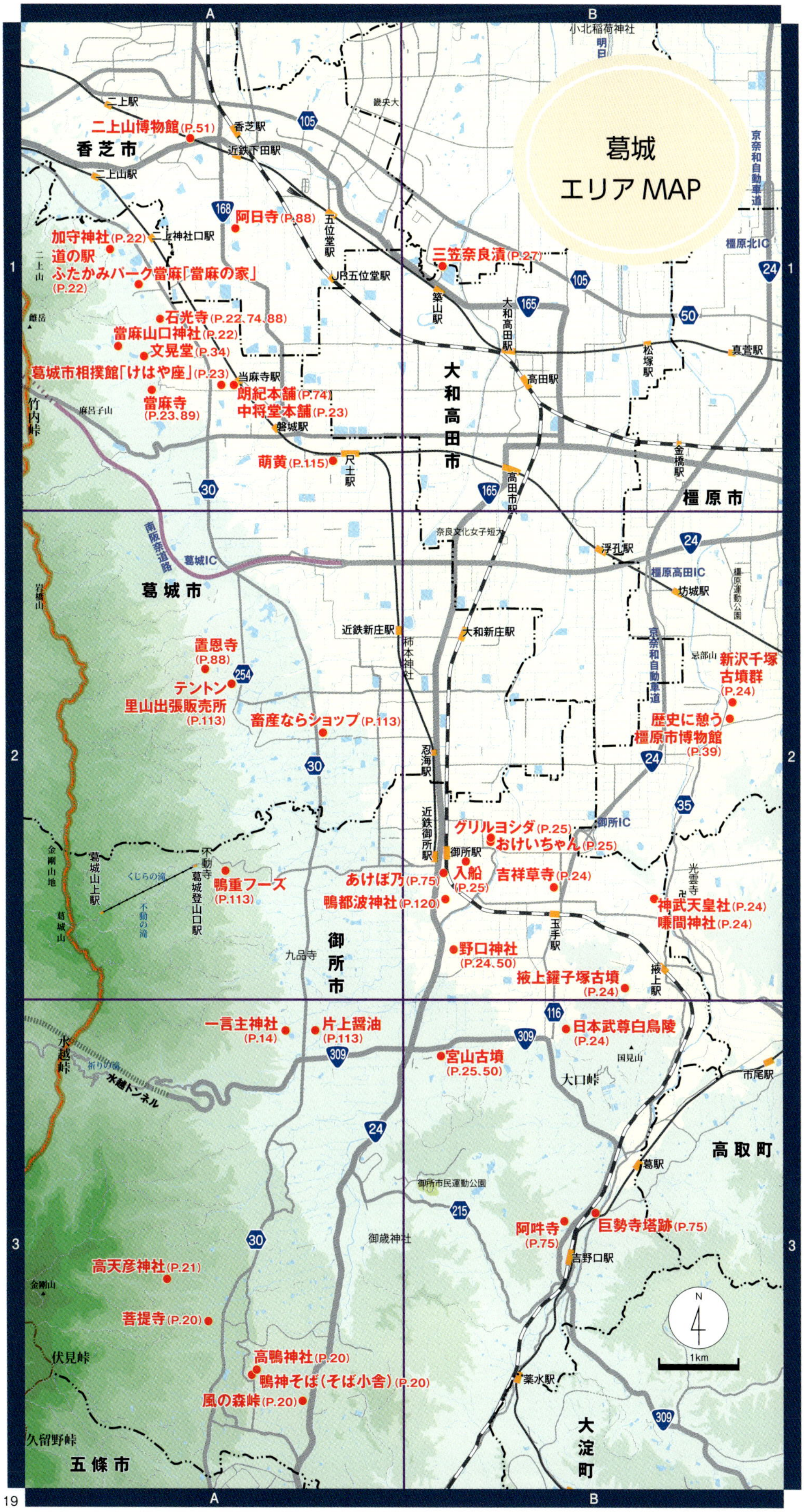

古来より霊験あらたかとされる、延喜式で最高社格の名神大社《みょうじんたいしゃ》は、葛城の地に多く鎮座する。また、全国各神社の発祥の社もある。鴨（賀茂、加茂）社の総本宮となる高鴨神社しかり。一言《ひとこと》主神社《ぬしじんじゃ》の総本社である葛城一言主神社もまたしかり。はじまりの地に、はじまりの社あり。太古の気配がただよう道のあちらこちらに、聖なる物語がひそむ。豊かな山里の景色を眺めながら、一つひとつひもとくのも楽しい道である。

風の森から高天原へ

葛城古道《かつらぎこどう》を行く

①風の森 ◀ 徒歩約15分 ②高鴨神社 ◀ ③鴨神そば ◀ 徒歩約30分 ④菩提寺⑤山道 ◀ 徒歩約20分 ⑥高天彦神社 ◀ 徒歩約5分 ⑦鶯宿梅⑧蜘蛛窟 ◀ 徒歩約30分 ⑨鳥井戸《とりいど》バス停

約6km
1時間40分

渡る風に遥かな時を感じて 風の神が守る見晴らし良き峠

1 風の森《かぜのもり》

神の山、金剛山のふもとに美しい棚田が広がり、時折、風が吹き渡る。風の森とよばれる峠の頂に祀られるのは風の神、志那都《しなつ》比古神《ひこのかみ》。神社の拝殿は失われ、今は小さな祠《ほこら》が立つのみ。葛城は水稲栽培発祥の地といわれ、風の神は五穀豊穣を風水害から守る神。『古事記』『日本書紀』によればイザナキ、イザナミが34番目に生んだ実り深き神である。峠からの見晴らしは太古と変わらぬ彩りを見せ、渡る風と遥かな時が感じられる。

MAP:P19-A3 住 御所市鴨神周辺

深々とした神の杜には龍神伝説の池がある。境内地周辺は縄文期より古代信仰の祭祀場であったと伝わる。

死した神も蘇らせるご神威 龍神伝説も残る鴨社総本宮

2 高鴨神社《たかかもじんじゃ》

北は青森から南は鹿児島まで、鴨（加茂）社の総本宮であり、主祭神は迦毛大御神《かもおおみかみ》の名も持つ名神大社《みょうじんたいしゃ》。『古事記』で大御神と称されるのは天照大御神《あまてらすおおみかみ》、伊邪那岐大御神《いざなきおおみかみ》の三神のみ。大変高いご神威があり「死した神をも甦らせる」再生復活の神と崇められた。この地は鴨氏発祥の地。鴨氏は天体観測、製鉄、馬術、薬などの技術を持ち、鴨氏が移動した地は発展したという。陰陽道のトップも元は鴨氏。呪術、農耕技術にも長け、戦を好まず高い技術で古代日本の栄えに貢献したとされる。

MAP:P19-A3
住 御所市鴨神 1110 ☎0745-66-0609 P 有

鴨汁そば1,200円　ざるそば700円

3 鴨神そば《かもがみそば》（そば小舎《そばごや》）

高鴨神社の隣、「葛城の道 歴史文化館」内にある蕎麦店。蕎麦のうまみと風味を生かす「玄そば一本挽き」製法にこだわる。地元産の倭鴨《やまとがも》を温かいつけ汁でいただく「鴨汁そば」が人気。店内の大きな窓から高鴨神社の杜が望めて風情あり。

MAP:P19-A3
住 御所市鴨神1126 ☎0745-66-1159 P 有
営 10:00〜16:00（麺が無くなり次第終了）
休 月曜休（祝祭日は営業）

里人の篤《あつ》き手に守られて 「伏見寺千軒」の寺宝が鎮まる

4 菩提寺《ぼだいじ》

高鴨神社と高天彦神社《たかまひこじんじゃ》の中ほどに建つ菩提寺は、稀な寺宝を数多く持つまさに「大和の隠れ寺」。堂々たる仁王門が小さな寺を守るが、門も仁王も寺宝のすべてが昭和にこの地に移されたもの。役行者《えんのぎょうじゃ》により修験道《しゅげんどう》の一大道場となった葛城・金剛山に、高僧・行基《ぎょうき》は多くの寺を開基した。伏見山菩提寺もその一つ。30以上もの子院が山肌に立ち並ぶ大寺院で「伏見寺千軒」と称せられたほど。だが時代の波にのまれて荒廃。それぞれの院に残った寺宝が里人の篤き手に守られて、ここに集まり鎮座する。

多くの仏像、曼荼羅、板絵などの寺宝を持つ。こちらは金剛山頂の寺院・転法輪寺から移された、鋭い五眼の「法起菩薩仏頭」。

MAP:P19-A3
住 御所市伏見 454 ☎0745-66-0543 P 有

土蜘蛛《つちぐも》

古代神話の光に隠された影
征伐された「まつろわぬ人々」

「身丈が低く手足が長い」「千本の足を持つ」…。葛城には多くの土蜘蛛伝説が残る。実のところ土蜘蛛とは、大和朝廷に従わなかった先住者「まつろわぬ人々」への蔑称。神武天皇の皇軍が、葛のツルで作った網で土蜘蛛を捕らえたことが、葛城の地名の由来ともいわれる。

葛城襲津彦《かつらぎそつびこ》

美女の色香に迷うも活躍
葛城一族の将軍襲津彦

大豪族、葛城氏の勇将であり、大和朝廷で活躍したのが葛城襲津彦。新羅や百済との外交にも腕をふるって討伐も果たすが、新羅の美人の誘惑に負けて戦の相手を新羅から他国へと替え、天皇の怒りを買ったことも。葛城地方最大の前方後円墳、宮山古墳が墓との説もある。

高原台地から
大和盆地が一望
「天孫降臨」の舞台、
高天原へ

5 菩提寺から高天彦神社《たかまひこじんじゃ》の山道

菩提寺から高天彦神社へは里人の手で整えられた林道を行くことができる。天にそびえる杉木立や竹やぶの坂道を歩けば、時折、樹木が拓けて光が差し込み、にわかに杜がその姿を見せる。深い樹々の向こうに連なる山々が見晴らせて、約20分ほどの清々しい山歩き。太古と変わらぬ千年森を抜ければ、行く手に待つのは「天孫降臨」ゆかりの社、高天彦神社である。金剛山は古くは高天山といわれており、古来よりの伝承地がこの一帯。中腹にぽっかり拓いた高原台地からは大和盆地が一望となる。

高天原の至上神を祀る
聖地に立つ神さびた古社

6 高天彦神社《たかまひこじんじゃ》

天をつく老巨杉が参道を覆う。厳かな気配がただよう境内奥、神さびた社殿後方、美しい円錐形の山「白雲峯《しらくものみね》」がご神体の名神大社。「天孫降臨」に活躍したタカミムスビを祀る。『古事記』『日本書紀』によれば、タカミムスビは天地が別れて間もなく誕生した一神で、天照大神とともに高天原の至上神。葛城氏の祖神とされる。天照大神の御子にタカミムスビの娘が嫁ぎ、生まれたニニギノミコトが地上へと降臨。その采配をタカミムスビがふるったとされる。

MAP:P19-A3
住 御所市北窪 158　☎ 0745-66-0609(高鴨神社)　P 有

7 鶯宿梅《おうしゅくばい》

高天彦神社の参道近くに植わる梅の古木。小僧の死を師が嘆いたところ、梅の木に宿ったうぐいすが「初春のあした毎には来れども、逢わでぞ帰る元の住みかに」と鳴いた伝説が残る。

8 蜘蛛窟《くもくつ》

鶯宿梅の脇のあぜ道を進むと、うっそうと生い茂る杉木立の丘の上に「土蜘蛛」伝承の残る石窟がひっそりと立つ。隣には「高天山草園《たかまさんそうえん》」があり、四季の草花が楽しめる。

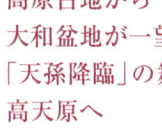

日の沈む聖地

二上山《にじょうざん》の麓《ふもと》を歩く

①掃守神社 ◀ 徒歩約5分 ②道の駅　當麻の家 ◀ 徒歩約10分 ③石光寺 ◀ 徒歩約15分 ④當麻山口神社⑤傘堂 ◀ 徒歩約20分 ⑥當麻寺 ◀ 徒歩約10分 ⑦けはや座・當麻蹶速塚 ◀ 徒歩約5分 ⑧中将堂本舗

約6.2km
1時間20分

地名由来に深く関わる
祓い浄めた産育の祖神

1 加守《かもりじんじゃ》（掃守）神社

二上山《にじょうざん》の登山口に鎮座し、「葛木倭文座天羽雷命神社《かつらきしとりにいますあめのはいかづちじんじゃ》」の摂社である。祭神は天忍人神《あめのおしひとのかみ》。『古語拾遺』によると、神武天皇の父である鸕茅不合葺命《うがやふきあいずのみこと》が産まれる際、海辺に産屋を建て、中に入る蟹を箒《ほうき》で掃い去ったのがこの神。「号《なつ》けて蟹守《かにもり》と曰《い》ふ」と記される。拝殿の向こうに隆起する二上山の気配に、信仰の根源が感じられる古社である。

MAP:P19-A1
住 葛城市加守 1044　☎0745-77-3079　P 有

2 道の駅　ふたかみパーク當麻「當麻の家《たいまのいえ》」

地元産とれたての野菜や、この地ならではの手づくり品が人気。うどん体験、豆腐体験など各種体験もあり。大芝生広場、わんぱく広場、散策路など遊び・憩いの場もあって、おいしさも楽しさもいろいろ。

MAP:P19-A1
住 葛城市新在家 402-1　☎0745-48-7000
P 有　営 9:00～17:00
休 年末年始

“光る石”
最古丸堀り石仏と
中将姫伝説が伝わる
花の名刹

境内には中将姫が曼荼羅を織る蓮糸を染めた井戸と糸を干した桜が残り、「染寺」ともいわれる。

3 石光寺《せっこうじ》

大和平野の西、雄岳《おだけ》と雌岳《めだけ》の2つの山頂へと日が沈む二上山は、古来よりの神聖な山。人々は、山の向こうに極楽浄土を夢見たという。その麓《ふもと》には古刹、名所が多くたたずみ、石光寺もその一つ。中将姫伝説《ちゅうじょうひめでんせつ》で知られ、境内には約4000本以上、520種類の色とりどりのボタンや芍薬《しゃくやく》が、花の浄土図を描く。天智天皇の御代には、この地に光を放つ石があったという。その石で弥勒如来《みろくにょらい》の像を掘って、役行者が寺を開いたと伝わる。近年、この伝承通りに日本最古・白鳳時代の丸彫り石仏が出土。今の世に弥勒信仰を伝えている。

MAP:P19-A1
住 葛城市染野 387　☎0745-48-2031　P 有
営 拝観時間 8:30～17:00（11～3月は 9:00～16:30）　¥ 拝観料 400円

4 當麻山口神社《たいまやまぐちじんじゃ》

杉木立の生い茂る長い参道を歩くと、おごそかな気配の本殿が待つ。祭神は天孫降臨のニニギノミコトとその妻、木花開耶比売命《このはなさくやひめのみこと》とその父、大山祇命《おおやまづみのみこと》。大山祇命は美しい木花開耶比売と姉の岩長比売《いわながひめ》の姉妹を嫁入りさせようとするが、醜い岩長比売は戻されてしまう。実は岩長比売は「天孫が岩のように永遠に」と誓われた姫。このときから人の命は限りあるものになったとされる。

5 傘堂《かさどう》

柱一本で宝形造りの屋根を支えるユーモラスな姿の傘堂は、「死苦」から逃れられる「ぽっくり信仰」あり。江戸期の郡山藩主・本多正勝《まさかつ》の「位牌堂」である。當麻山口神社の鳥居近くに建つ。

中将姫《ちゅうじょうひめ》

極楽浄土を織り上げた
伝説の美しい姫

藤原豊成の娘で、仏心篤く4歳にはお経をそらんじたという。美しく賢い姫は、継母に妬まれて命まで狙われ、14歳で読経ざんまいの隠遁生活に。當麻寺に入った後、みほとけの導きで織り上げた當麻曼荼羅《たいままんだら》の教えを説き続け、29歳で生きたまま極楽浄土へ向かったとされる。

大津皇子《おおつのみこ》

二上山の雄岳の頂上に眠る
才能豊かな悲劇の皇子

天武天皇の皇子で見た目も麗しく、度量が広くて文武両道。皇太子の草壁皇子以上の器量を持ち、その母（後の持統天皇）に疎まれた大津皇子。誰からも愛された皇子は、それゆえに謀反《むほん》の罪で自害に追い込まれ、二上山雄岳の頂上に葬られたと伝えられる。

1300年の名宝・名仏・名庭が大伽藍を彩る、極楽浄土の入り口

6 當麻寺《たいまでら》

二上山に来迎した阿弥陀仏を見た中将姫は、當麻寺に入った後、一夜にして「當麻曼荼羅《たいままんだら》」を織り上げたという。〝極楽への入り口〟として人々の拠り所となってきた浄土信仰の名刹、當麻寺。古くは役行者の法力で四天王が飛来し、葛城よりは一言主明神、熊野からは竜神が出現して始まったという。境内には日本で唯一、古代の東西両塔が並び立ち、白鳳時代の最古級の仏像・弥勒如来像を始め、1300年の文化財が奇跡のように残る。その美しさも名高く、牡丹の季節は桃源郷さながら。大和三名園の一つである「香藕園《こうぐうえん》」や浄土庭園などが、大伽藍を彩っている。

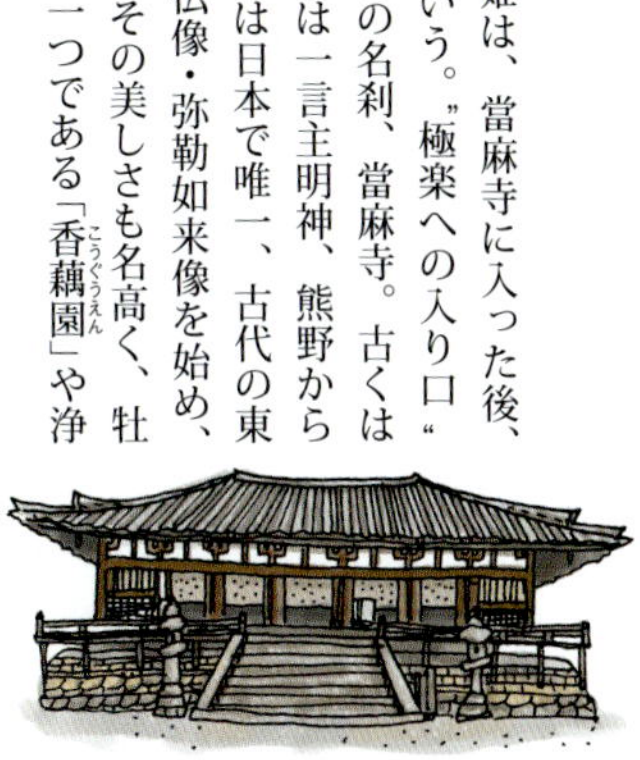

MAP:P19-A1
住 葛城市當麻1263　☎0745-48-2202（西南院）
P 有　営 9:00〜17:00　¥ 拝観料　本堂・金堂・講堂500円、中之坊500円、西南院300円、奥院300円

作家の五木寛之が「芸能の源流」と称した當麻寺伝統の「絵解き」説法。

最古の塔頭《たっちゅう》、中之坊では写仏・写経で仏の世界が体感できる。〝修行の場〟となる写仏道場を飾るのは、壮麗な絵天井と曼荼羅。絵天井は巨匠・前田青邨《まえだせいそん》など有名画家150人が1人1枚描いたもので、曼荼羅は入江正巳画伯による「平成當麻曼荼羅」。この曼荼羅を独特の節回しで解説する伝統の「絵解き」説法が、長老、院主により行われている。

壮麗な絵天井の下、曼荼羅の前で写経・写仏や「絵解き」説法も

日本画、洋画、書など、日本を代表する画家たちの名作が飾る絵天井。

●写仏・写経体験　／受付随時　拝観料+用具代1,500円
●絵解き／日時は要問い合わせ　拝観料+400円
●問い合わせ／0745-48-2001（中之坊）

7 葛城市相撲館「けはや座《けはやざ》」

當麻に生まれた相撲の開祖「當麻蹶速《たいまのけはや》」にちなんで開館した、全国でも珍しい相撲の資料館。館内には本場所と同じサイズの土俵があり、土俵に自由に上がって塩をまいたり、まわしの貸し出しもある。横綱土俵入り用の化粧まわしなど、貴重な資料も見応えあり。相撲ファンならずとも楽しめる。

MAP:P19-A1
住 葛城市當麻83-1　☎0745-48-4611　P 有
営 10:00〜17:00　休 火・水曜休（祝日は開館）
¥ 入館料　大人300円　子ども150円

當麻蹶速塚《たいまのけはやづか》

當麻蹶速の塚と伝えられている五輪塔。相撲館「けはや座」の前に建つ。力自慢の蹶速は垂仁天皇《すいにんてんのう》の前で野見宿禰《のみのすくね》と力比べをし、これが日本で最初の天覧相撲と伝わる。

店内：煎茶と中将餅2個300円
持ち帰り：8個入り(折箱)700円

8 中将堂本舗《ちゅうじょうどうほんぽ》

ヨモギの香りがふんわり優しい名物の中将餅は、當麻の里に昔から伝わるもの。地元産ヨモギをふんだんに使い、餅米から自家製のこだわりよう。あっさりした中にもコクのある餡は、ぼたんの花びら型で見た目も味も上品で美味。

MAP:P19-A1
住 葛城市當麻55-1　☎0745-48-3211　P 有
営 9:00〜18:00（売り切れ次第終了）　休 不定休

役行者《えんのぎょうじゃ》・神武天皇《じんむてんのう》・日本武尊《やまとたけるのみこと》…

「日本」の英雄、この地にあり

- ①神武天皇社
- ◀ 徒歩約20分
- ②吉祥草寺
- ◀ 徒歩約20分
- ③掖上鑵子塚古墳
- ◀ 徒歩約10分
- ④日本武尊白鳥陵
- ◀ 徒歩約20分
- ⑤宮山古墳
- ◀ 徒歩約20分
- ⑥野口神社
- ◀ 徒歩約15分
- ⑦御所駅近グルメ

約11km
2時間20分

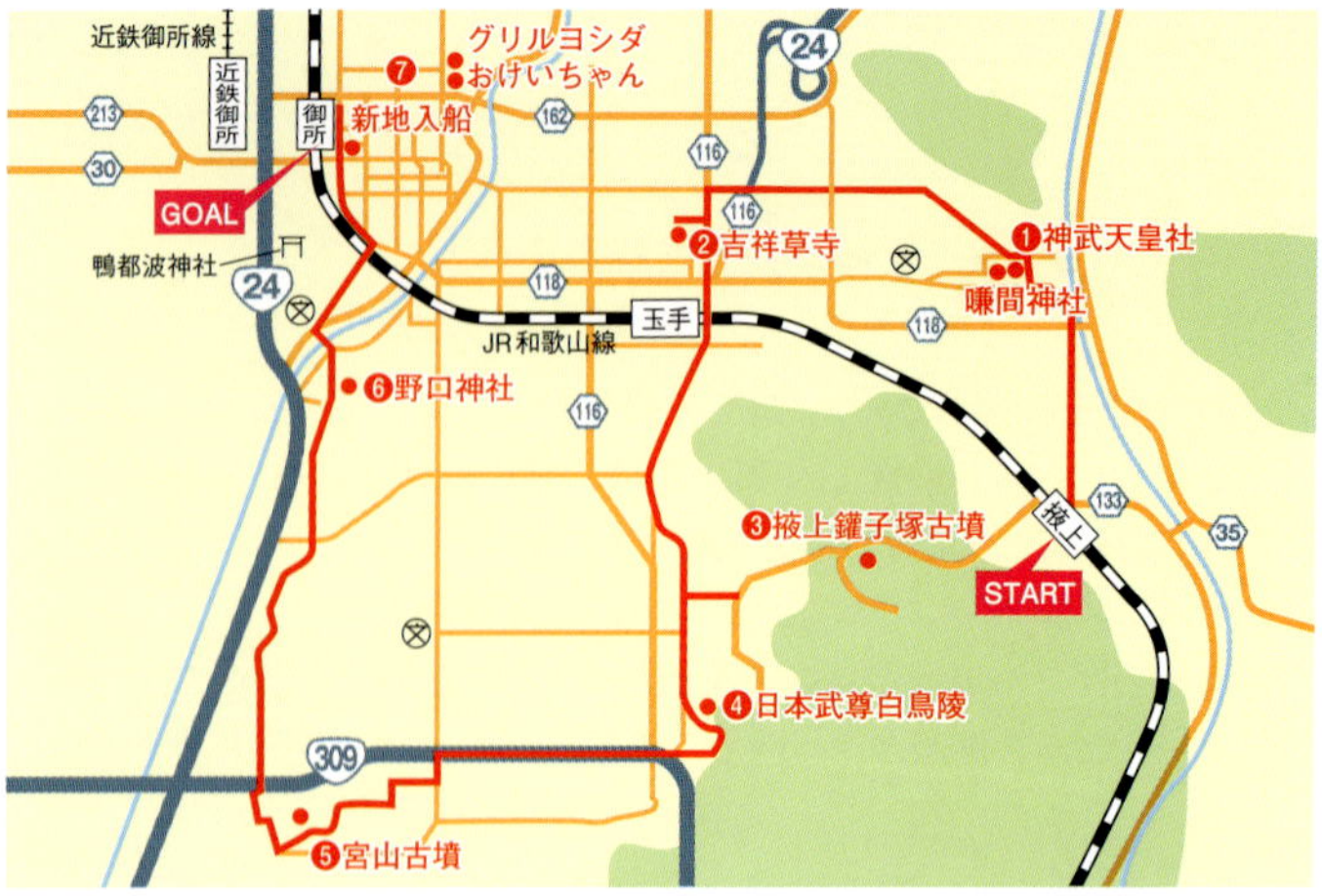

日本を建国した英雄No.1
初代天皇、神武天皇を祀る社

1 神武天皇社《じんむてんのうしゃ》

誰もがその名を知る建国の英雄ナンバーワンといえば神武天皇。九州の高千穂から大和へ入り、輝かしい神武東征の神話とともに「日本」を建国した、今に続く初代天皇である。その神武天皇を祀った社がここ。畝傍山《うねびやま》の裏に建ち、ご祭神は神倭伊波礼毘古命《かむやまといわれひこのみこと》。神武天皇のことである。即位した場所は橿原神宮といわれるが、橿原神宮は明治中期の建造であり、実はこの地が即位の場ではとの説が残る。

MAP:P19-B2
住 御所市柏原 246
☎ 0745-62-3346（御所市観光協会）　P 無

嗛間神社《ほほまじんじゃ》

神武天皇が新しい后を迎え、この地に寂しく暮らした前后、吾平津姫（あひらつひめ）を祀る。婚礼行列はこの前を通らず「さわりの神」と呼ばれてきた。

MAP:P19-B2
住 御所市柏原 325
☎ 0745-62-3346（御所市観光協会）　P 無

役行者、生誕の地に建つ古刹
産湯の井戸や腰かけ石も残る

2 吉祥草寺《きっしょうそうじ》

掖上《わきがみ》近辺は日本の国づくりに活躍し、心躍る列伝を残した英雄たちのゆかりの地。初代天皇である神武天皇、父である景行天皇の命で各地を制定した日本武尊《やまとたけるのみこと》、そして世界遺産の吉野・熊野奥駈道《くまのおくがけみち》を始め、日本各地の霊山を開き、多くの寺社を開基した役行者もその一人。その出生地に建ち、役行者創建と伝わるのが吉祥草寺。堂内には不動明王を始めとする五大尊が本尊として祀られ、若き日の役行者を写した珍しい像も安置される。境内には産湯の井戸や腰かけ石があり、境内地周辺にも行者にまつわる霊跡、伝承が多く残る。

MAP:P19-B2
住 御所市茅原279　☎ 0745-62-3472
P 有　営 8:30〜17:30　備 拝観無料

周濠が見事に残る
巨大な前方後円墳

3 掖上鑵子塚古墳《わきがみかんすづかこふん》

掖上を行くと、古代豪族の墓である古墳や伝承の霊蹟地が次々と現れる。南葛城では宮山古墳に次ぐ大きさで、優美な周濠が見事に残るのが掖上鑵子塚古墳。全長は約１５０ｍで5世紀後半頃に築造されたもの。古くに盗掘されるも、ここから出土したとされる豪華な副葬品が伝わっており、有力な族長の墓とされる。

MAP:P19-B2
住 御所市柏原字鑵子山
☎ 0745-62-3346（御所市観光協会）　P 無

悲劇のスーパースター
白鳥伝説ゆかりの地

4 日本武尊白鳥陵《やまとたけるのみことしらとりりょう》

神話のスターにして悲劇の最期を遂げたのが日本武尊である。父の景行天皇から朝廷に従わない民族を討伐するよう命じられ、休む間も軍勢も無いままに次々平定。やっとの思いで大和に帰る途中、深い傷を負って力尽きてしまう。大和を思う魂は白鳥となってこの地に戻ったと記紀神話で伝えられている。

MAP:P19-B3
住 御所市富田
☎ 0745-62-3346（御所市観光協会）　P 無

7 御所駅近グルメ

会玉670円　モダン焼770円

お好み焼き《おこのみやき》　おけいちゃん《おけいちゃん》

葛城の「G級グルメコンテスト」で優勝した「会玉《あいだま》」は、ホルモンのテッチャン（小腸）とホルモンの油かす（かす玉）が絶妙なコク深さ。洋食焼の「モダン焼き」など工夫をこらしたメニューが豊富でそれぞれに”常連客“がつく。

MAP:P19-B2
住 御所市 栄町 60-7　☎0745-65-0730　P 有
営 11:00〜19:00　休 月曜休

チキン南蛮セット（ライス、味噌汁、ドリンク付）1,080円
（奥）Mixフライ定食（ライス、味噌汁付）1,350円

グリルヨシダ《ぐりるよしだ》

看板メニューは「チキン南蛮」。具がたっぷり入ったタルタルソースが、ビッグなチキンにかかってボリューム満点。”てんこ盛り“の「Mixフライ」も人気で、デミグラスソースは店主のこだわりが生きた味。お腹をすかして行こう。

MAP:P19-B2
住 御所市 栄町 60-23　☎0745-65-0015　P 有
営 12:00〜15:00　18:30〜21:00　休 火曜休

新地《しんち》 入船《いりふね》

名物カレーうどんは、秘伝のカレー粉を使用。さらりとスパイシーなスープは和のうまみもたっぷりで、昆布とカツオを丁寧に仕込んだダシは初代の祖父から三代続く伝統が香る。辛さの調節は可能なので注文時に伝えて。大辛も人気。

カレーうどん・そば600円　大辛カレーうどん650円

MAP:P19-B2
住 御所市御国通り1-1117-3　☎0745-62-2403　P 有
営 平日11:30〜14:00　17:00〜21:00　土曜・祝日11:30〜21:00
休 日曜休

役行者《えんのぎょうじゃ》

鬼神を子分に使役し
神々も動かした法力

17歳で孔雀明王《くじゃくみょうおう》の呪法を会得。鬼神を使役できるほどの法力を持つ。ある時、葛城山と金峰山に橋を架けようと思い、神々までも動員したが、これが元で謀反の疑いをかけられ伊豆大島へ流刑に。ここから毎晩、富士山まで海上を歩いて渡ったとの伝説も。

奈良南西部、最大古墳
石室から石棺も見学可

5 宮山古墳《みややまこふん》

葛城地域最大の前方後円墳で全長238mもある。葛城氏の祖である葛城襲津彦の墓との説や、朝廷に絶大な力を持った武内宿禰《たけうちのすくね》の墓との説も。南北に2基の竪穴式石室があり、東側の八幡神社から後円部に登ることができる。南室は中に入って石棺が見られ、古代ロマンをじかに感じられる。（50ページへ）

MAP:P19-B3
住 御所市室宮山 335
☎0745-62-3346（御所市観光協会）　P 無

役行者に恋して化身
大蛇が町中を練り歩く

6 野口神社《のぐちじんじゃ》

長さ約10mのワラ製の大蛇を曳いて練り歩く「蛇綱曳き汁掛祭《じゃづなひきしるかけまつり》」が毎年5月5日に行われる。由来は修行一途の役行者を慕うあまり、大蛇に化身した娘の悲恋物語。大蛇は村人に味噌汁をかけられて現在の野口神社に逃げ帰ったという。祭り当日は蛇綱や参拝者に味噌汁をかけて邪気を払い、五穀豊穣を祈る。

MAP:P19-B2
住 御所市蛇穴 540
☎0745-62-3346（御所市観光協会）　P 有

くるりのぐるめぐり

- 奈良の郷土食
- 山道の向こうにおいしいものが待っている！
- 早起きしてでかけたい10のカフェ

おいしいものが食べたくなったときの奈良めぐり。
神話の時代につながる伝統食、地元の素材をたっぷり使った
お昼ごはん、時間を忘れるような空間でいただくコーヒーやケーキ。
選り抜き 25 軒の今日的奈良グルメへご案内。

奈良の郷土食

最近では美食ガイドに星付きで紹介されるお店が続出しているが、元々、伝統食にも美味あり珍味あり、奈良の郷土料理はなかなかの顔ぶれだ。

にゅうめん

奈良時代に考案されたという三輪そうめん。三輪の地では良質の水と小麦があったことから、飢饉の際に現在のそうめんの原型となるものができたとされている。そうめんは夏の食べ物のイメージだが、奈良では冬場にあたたかくしていただく「にゅうめん」もよく食べられている。

そうめん處《そうめんどころ》 森正《もりしょう》
「にうめん」850円

大神神社すぐでいただけるシンプルなにゅうめん。

MAP:P77-A2
住 桜井市三輪535
☎ 0744-43-7411
営 平日10:00～17:00（天候により変更あり）日・祝日9:30～17:00
休 火曜休（1日の場合、祝日の場合は営業）月曜不定休
P 近隣駐車場利用

吉野本葛《よしのほんくず》

葛を利用した調理法を吉野仕立てと呼ぶように、葛は吉野地方を代表する食材。葛の根から作られる純白の葛粉は、料理の名脇役にも主役にもなる存在。なかでもまじりっけなしの「吉野本葛」で作られる菓子の目の覚めるような美しさ、奥深い味わいは特別だ。現在、奈良県産は希少に。

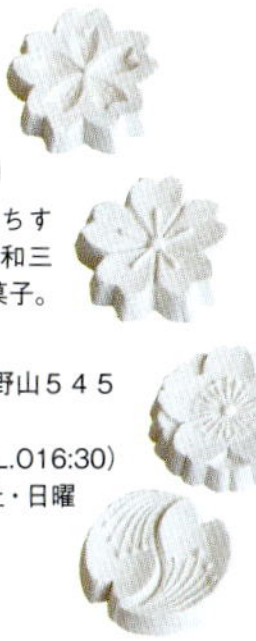

中井春風堂《なかいしゅんぷうどう》
「極上本葛菓子 4枚入り」1,250円

山桜の木型で方打ちする吉野本葛と阿波和三盆糖だけの純白干菓子。

MAP:P53-A1
住 吉野郡吉野町吉野山５４５
☎ 0746-32-3043
営 10:00～17:00（L.O16:30）
休 水曜休（冬期は土・日曜のみ営業）
P 4台

飛鳥鍋《あすかなべ》

ミルク鍋とはなかなかハイカラだが、ルーツは飛鳥時代にさかのぼる。唐からやって来た僧が修行の合間に鶏肉を牛乳で煮込んで食べて精を付けたのが始まりとか。現在は野菜などを盛り込み、家庭や店ごとにダシを工夫するなどして進化。飛鳥周辺エリアの名物となっている。

めんどや《めんどや》
あすか鍋コース
3,780円
（1人前・要予約2名～）

あすか鍋にごま豆腐・煮物・柿の葉ずし・わらび餅・季節のフルーツが付く。

MAP:P40-B2
住 高市郡明日香村岡40
☎ 0744-54-2055
営 10:00～売り切れまで
休 不定休
P 20台

茶がゆ《ちゃがゆ》

「大和の茶粥、京の白粥、河内のどろ喰い」と言い習わされた関西の粥文化。奈良の家庭食である茶がゆは、粘りが無くさらっとしているものが好まれることが多いが、その家ごとの味が。使われるのはほうじ茶。中に茶葉を入れ、煮出して粥を作る道具「ちゃんぶくろ（茶袋）」という竹籠細工が伝えられる地域も。

てぬき庵《てぬきあん》
「茶がゆ」750円

箸休めの一品一品もしみじみおいしい茶がゆ膳。餅入りもあり。

MAP:P7
住 生駒郡平群町信貴山2303-7
☎ 0745-72-0585
営 金～日曜・祝日10:00～17:00 火～木曜予約制
休 月曜休
P 近隣駐車場利用

奈良漬《ならづけ》

奈良発祥の伝統食の一つ。奈良時代の長屋王邸跡から出土した木簡に「加須津毛《かすづけ》」の記載が見られるなど長い歴史を持つ。漬ける野菜はうりを始めとして、きゅうり、生姜、スイカなど様々。粕も食べられるが、気になるようなら水洗いはせず、清潔な布巾などで拭ってどうぞ。

三笠奈良漬《みかさならづけ》
「瓜と胡瓜入りの包み」1,400円
ごはんにもアテにも。じっくり漬け込むスッキリ奈良漬は粕も美味。
MAP:P19-B1　住 大和高田市大谷 741　☎ 0745-52-0033
営 9:00～17:00　休 無休　P 4台

柿の葉ずし《かきのはずし》

塩でしめた鯖を載せて柿の葉で包み一口大の長方形に整える押し寿司。柿の葉には殺菌効果があるとされ、奈良南部では夏祭りのときのごちそうとして伝えられてきた。鮭や小鯛が使われたり、柿の葉も季節によっては紅葉したものが用いられたり。朴の葉で巻く「朴の葉ずし」を作る地域もある。

大滝茶屋《おおたきちゃや》
「柿の葉ずし」
8個入り870円～

昔ながらに塩〆製法。文字通り「良い塩梅」な逸品は鯖・鮭あり。

MAP:P53-B2
住 吉野郡川上村大滝420-1　☎ 0746-53-2350
営 8:00～18:00　休 水曜休・冬季休業（12月頃～3月中旬頃）　P 5台

柚べし《ゆべし》

十津川村で食べられてきた保存食「柚べし」。中身をくりぬいた柚子に、落花生やごまなどを混ぜ込んだみそを詰め、蒸し、乾燥させたという珍味だ。修験者らの携帯食でもあったのだとか。いただくときはごく薄くスライスして。江戸時代の料理書に酒肴として紹介されたオツな一品。

道の駅十津川郷《みちのえきとつかわごう》「柚べし」各種600円～1,000円前後
十津川郷士も持ち歩いていたという奈良県最奥部の村の伝統食。
MAP:P65-B2　住 吉野郡十津川村小原225-1　☎ 0746-63-0003
営 8:00～17:30（12月～3月末は17:00まで）　休 年中無休　P 20台以上

山道の向こうにおいしいものが待っている！

ちょっと遠い、もしかしたら
かなり遠いかもしれないけれど、訪ねてみて。
つくる情熱と食べる楽しさが詰まった、
とっておきの奈良の食卓！

山の幸がズラリと並ぶ「精進御膳」3,000円。1泊2食の「宿坊体験」7,000円もあり。

わざわざ行きたい！山上の寺でいただく精進料理

桜井市 音羽山《おとわやま》　観音寺《かんのんじ》

1200年以上の歴史を持ち、眼病平癒に霊験ありと伝えられ信仰を集める尼寺。ここでは予約をすれば住職自らが丹精込めて作った精進料理がいただける。周辺の信者から差し入れられる新鮮な野菜をはじめ、手作りの味噌や境内で獲れた蜂蜜などを使った料理が並び、そのどれもが身体を浄化してくれるかのような滋味あふれる味わい。駐車場からお寺までは約45分の山道が控えているので、訪れる際はぜひスニーカーで。

MAP P77-A2

TEL/ 0744-46-0944
住 桜井市南音羽832
営 11:30～※3日前までに要予約
席 20席　休 不定休　P 5～6台※駐車場から徒歩45分
http://www.ac.auone-net.jp/˜otowa/

大根は大根の、お芋はお芋の素材の個性きらめくおまかせ膳

明日香村

奥明日香さらら《おくあすかさらら》

天武天皇・持統天皇がこの地を通って吉野宮滝へ度々赴いたと伝わる集落にある古民家カフェ。こうした歴史背景を愛して奥明日香から吉野へと歩く人々、また地域の人々が、入れ代わり立ち代わり店を訪ねてくる。持ち味を大切に調理されたごはんにおかず、温かく気さくなもてなし。二度目からは「ただいま」と訪ねたくなる居心地なのだ。

MAP P40-C3

TEL/ 0744-54-5005

住 高市郡明日香村栢森137

営 11:00〜16:00　木〜日曜営業　席 35席

休 夏期休業　8月1日〜31日

冬期休業　12月21日〜1月31日

その他、臨時休業の場合あり。事前にお問い合わせください。

P 3台

http://okuasukasarara.kir.jp/

数量限定「さらら膳」1,800円。その他喫茶メニューも。

森に囲まれた元学校で地元食材づくしのランチを

東吉野村

月うさぎ《つきうさぎ》

東吉野の山中にあるカフェ。イチョウや桜の巨木に囲まれたゆるりとした空間は、大正時代の国民学校跡地なのだそう。自家製をはじめとする地元産の野菜や宇陀産の鶏肉などを使ったおまかせランチは、素材そのものが持つ力強い味わいに驚く。庭の石窯を使ったピザ焼き体験も好評だ。とくに猫好きは行くべき一店。

「おまかせランチ」1,500円。コーヒー付セットは1,800円。

MAP P77-C2

TEL/ 0746-44-0112

住 吉野郡東吉野村谷尻478-1

営 10:00〜17:00※完全予約制

席 20席　休 不定休　P 20台

http://tukiusagi-cafe.com/

ランチタイムは1,300円、1,800円、3,000円の選べる3コース。

豪奢なお屋敷レストランの気さくなランチタイム

天理市

ルレーヴ《るれーヴ》

石上神宮《いそのかみじんぐう》の境内に隣接するカフェレストラン。堂々たる日本家屋の外観と明るくモダンな室内空間という意外性にときめく。月替わりのランチメニューはボリュームが異なる3コースから選べるようになっていたり、モーニングサービスやキッズプレートが用意されていたり、親切な気遣いも随所に。春先は大きな窓一面に桜の花景色のパノラマが。

MAP P7

TEL/ 0743-63-6922

住 天理市杣之内町123

営 8:00〜16:30　17:30〜22:00（L.O 21:00）

席 50席　休 水曜休　P 20台

http://lereve-t.com/

料理は2,000円・3,000円・5,000円（税別）の3種から。ケーキは別料金。2名からの完全予約制。

農家のお母さんたちの
心づくし料理と温かいもてなし

五條市

旬の野菜レストラン《しゅんのやさいれすとらん》
農悠舎王隠堂《のうゆうしゃおういんどう》

西吉野の柿畑が続く山間に建つ築150年を超える立派な古民家。ここで地元のお母さんたちが腕を振るった献立をいただくことができる。これがなんとも、良い素材を大事に、そして楽しく料理したことが伝わってくるお膳なのだ。葉野菜、根菜、こんにゃく、ごはんに味噌。山里の幸をひとくち頂くごとに「おいしいねえ！」と笑いがこぼれる。最近メニュー入りしたというトウキ茶シフォンケーキとコーヒーも別腹でぱくぱくと。

MAP P7

TEL/ 0747-32-0073（不在の場合事務所0120-740-018）
住 五條市西吉野町湯塩154
営 11:30～14:30　※大人2名～の完全予約制
席 25席　休 不定休　P 5～6台
http://www.nouyusha.com/

自家製ソーセージの旨味と採れたて野菜の瑞々しさ！

五條市 ばあく《ばあく》

泉澤農場の豚肉で手作りする骨付きソーセージやベーコン、自家農園で「さっき採ってきた」お野菜のサラダ、古来から名水で名高い葛城山麓の冷えた一番水で育ったお米を使った中華ちまき。一口ごとに「新鮮でおいしいものが元気の源！」を体感できるお食事だ。山桜でスモークされたハム等は持ち帰り用あり、通販もOK。

ばあくのお肉を堪能できる「ばあくセット」1,190円。

MAP P7

TEL/ 0747-25-0701
住 奈良県五條市小和町719
営 9:00〜17:00 レストラン・喫茶は11:00〜16:00
席 32席　休 水・日曜休　P 10台
http://baaku.jp/

「月替わりランチ」は1,000円。
飲み物やデザートも充実。

元農小屋のゆるっとカフェでお惣菜いろいろごはん

高取町 町屋カフェ noconoco《まちやかふぇのこのこ》

「農業倉庫」の最初と最後の一音を重ねて「のこのこ」という何とものんびり愉快な名前のカフェ。平日15食、土日祝日20食限定の「月替わりランチ」や、地元の有名豆腐使用の「土佐屋の豆腐ハンバーグ定食」などどれも丁寧に作られたお食事だ。店が面する土佐街道はかつて城下町だった風情を残す。町歩きの休憩で立ち寄るのも良い。

MAP P53-A1

TEL/ 0744-52-4771
住 高市郡高取町上土佐57
営 9:00〜17:00　土日8:00〜17:00
(L.O16:00)
席 52席　休 木曜休　P 15台
http://noconoco.takatori.info/

写真は「たんぽぽ鍋（3人前）」、
一品料理や鮎の干物他付で一人2,500円（税別

囲炉裏でお鍋お肉もお野菜もたっぷりと

大淀町 いろりの家 たんぽぽ《いろりのいえたんぽぽ》

築80年の民家を活かした鍋料理の店。たっぷりの自家製野菜や国産の肉などを、囲炉裏に鍋を据えて炭火で煮込む鍋料理は、身体にじんわりと染み渡るおいしさ。代表メニューのたんぽぽ鍋のほか、猪鍋や鴨鍋など数種類の鍋メニューがある。併設の菓子工房 Yalada のアレルギー対応のスイーツも美味。スイーツは全国宅配あり。

MAP P53-A1

TEL/ 0745-67-1005
住 吉野郡大淀町今木152
営 応相談（2日前までに要予約、
たんぽぽ営業期間10月〜4月末頃）
席 30席　休 不定休　P 10台
http://yalada.jp

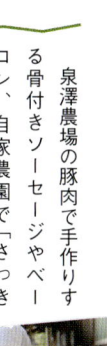

瀞峡を行く船を眺めながら、こっくり煮込まれたハヤシライス1,300円を。

緑に埋もれるカフェ

早起きしてでかけたい 10のカフェ

豊かな自然、古い町並み。
ちょっと早めに家を出て、目的地の周辺を探索してみる。
心ひかれる風景を楽しんだ後は、さてゆっくりカフェでひと休み。

翡翠色の渓谷を見晴らす 奈良県最南端のカフェ

十津川村 瀞ホテル《どろほてる》

ガラス戸の眼下は瀞峡《どろきょう》。荒々しい岩と神秘的な色の川。元は旅館だったが、しばらく閉館していた。それを若い跡継ぎさんがカフェとして再開、交流のある和歌山、三重のお店のものを並べた雑貨コーナーや本棚、展示スペースもしつらえて、いろんな場所からいろんな人が、ここを目指してやってくるように。じっくり煮込まれたハヤシライスや口当たりの良いスコーンをいただきながら、朝から日暮れまでここで過ごしたい。

MAP P65-B2

TEL/ 0746-69-0003
住 吉野郡十津川村神下405
営 11:30〜売切れ次第終了
席 20席　休 木曜休（臨時休あり）　P 近隣あり
http://cafemimosa.exblog.jp/

水辺の景色と
おいしいものがある贅沢時間

奈良市 カフェ ミモザガーデン《かふぇみもざがーでん》

宇陀在住のスタッフの田畑で採れた野菜や米を使ったランチに、ミモザガーデンで一番人気という自家製はっさくジャムのソーダ。ベンチの置かれた庭があって、道の向こうは水鳥が遊ぶ池。隣接する山辺高校の学生さんが育てた野菜販売（新鮮で安い！）にもウキウキ。楽しくてかわいい、とっておきの湖畔カフェ。

MAP P90-B3

TEL/ 090-8535-2817
住 奈良市都祁友田町938-15
営 10:00～17:00（ランチは11:00～前日までの予約優先）
席 23席　休 水曜・第4木曜休　P 7台
http://cafemimosa.exblog.jp/

手間のかかった「おすすめランチ」は1,000円、ピザ650円～。

「週替わりランチ」1,300円。
デザート・コーヒーか紅茶付。

サラダ・スープ、コーヒーか紅茶が付く「カツサンドのセット」は1,030円。

竹林にすっぽり包まれた窓辺で
日がな一日過ごしたい

生駒市 Caito かくれ家 café rest《かいとかくれがかふぇれすと》

竹が鳴る音、山道を通りがかる人の足音、イタリアン出身のシェフが鍋を振る音、ゲストたちの話し声。小さなざわめきと緑越しの光がリラックスした時間をくれる。彩りよいランチはボリューミーで十分満腹になるが、季節のソースとろりの自家製フォカッチャのフレンチトーストもやっぱり食べたくて、つい注文してしまうのである。

MAP P7

TEL/ 0743-76-6678
住 生駒市小倉寺町543-3
営 9:00～17:00頃（夜は要予約）
席 25席　休 木曜休　P 7台
http://caitocafe.exblog.jp/

「こんな山の中に！？」な
リラックス感満点の場所発見！

宇陀市 おうち Cafe《おうちかふぇ》

山間の集落の一角に佇むカフェ。純和風の空間にカントリー調の小物をあしらった店内はともだちの家みたいで居心地抜群。週替わりのワンプレートランチ（完全予約制）は、メインのおかずにごはん、焼き野菜、揚げ物や季節ごとのパンメニューなどがズラリと並び、食べごたえあり。自家製パンを使ったサンドランチやケーキセットも美味。

MAP P77-C1

TEL/ 090-2389-3488
住 宇陀市室生上笠間 2703-2
営 木～土曜11:30～L.O15:00（臨時営業あり ブログにて要確認）　席 17席　P 8台
http://ameblo.jp/ouchicafe73/

旧街道とカフェ

盛り合わせがうれしい「ケーキセット」680円。

山の辺の道と
オーガニックな納屋カフェ

山の辺の道

天理市 カフェ Melissa《かふぇめりっさ》

日本書紀に名前が残る日本最古の道「山の辺の道」。三輪山麓から春日山麓を結ぶ古道は、今も歴史好きやハイカーが行き交う。その道沿いの農家の納屋がリノベーションされて、気持ち良いオーガニックカフェに。自家栽培または地場の米や野菜、甘味はてんさい糖や甘酒、調味料は自然発酵のもの。周辺に広がるみかん山や田畑の眺めも素敵だ。

MAP P7

TEL/ 080-3811-0161
住 天理市中山町763
営 水・木・金曜10:00～16:00
土・日曜 10:00～17:00
席 12席　休 月・火曜休　P 3台
http://www.cafe-melissa.com/

米粉パン120円～。モチモチ感がやみつきに。

松山街道と
姉妹が営む町家カフェ

松山街道

宇陀市 cafe equbo《かふぇえくぼ》

伊勢や熊野に続く松山街道が通る町で、地元出身の姉妹が仲良く営んでいる。元城下町であり交通の要所だった宇陀松山地区の昭和初期の町家を改装し、洗練された中にも来る人を温かく迎え入れるのんびりとした雰囲気が漂うカフェ。奈良産の米粉を使ったパンは10種類ほどが並び、イートインはもちろんテイクアウトも可。

MAP P77-B2

TEL/ 0745-83-0860
住 宇陀市大宇陀下中2229
営 9:30～18:00（ランチ11:30～16:00）
席 21席　休 月曜・第2、第4日曜休
P 6台　※リニューアル中・2015年5月末再開予定

竹内街道

お好みで選べる「ケーキとドリンクのセット」850円。

竹内街道と
文房具店の奥にある酒蔵カフェ

葛城市 文晃堂《ぶんこうどう》

大阪堺から二上山を超え葛城市へ続く竹内街道は日本最古の国道だとされている。この二上山の麓、当麻寺の近くに酒造家を生かした文房具店があり、カフェスペースも併設されている。当麻の里を歩くときは、酒蔵だった建物で自家製のケーキとスペシャリティコーヒーのセット、地元名物の「中将餅」とお抹茶のセットなどで一服したい。

MAP P19-A1

TEL/ 0745-48-4317
住 葛城市当麻888　営 10:00～18:00　席 32席　休 火曜休　P 9台
http://www17.ocn.ne.jp/~bunkodo

ケーキ350円～。
スペシャリティコーヒー400円～。

おかわりしたい米粉シフォンケーキ&木工

橿原市 カフェギャラリー ジユク《かふぇぎゃらりーじゆく》

カフェのオーナーは木工職人さん。木肌の美しいテーブルや椅子も販売していて、床などの内装も自ら手掛けたそう。ちゃぶ台席では、ことのほかまったり和んでしまいます。ぜひとも食べてみてほしいのは「米粉のシフォンケーキ」。店長が家で育てた米を自ら挽いた米粉で作っているという一品。空気を含んでふわふわだけど、米粉ならではのもっちり食感もあって、「おかわりしたい！」と思ってしまうおいしさだ。

MAP P7

TEL/ 090-5243-9879
住 橿原市八木町2-4-20　営 13:00～19:00　席 12席
休 月～水曜休（祝日は営業、イベント時には1週間営業）
P 近隣駐車場を利用
http://18factory.com/19/

ホットコーヒー350円、コーヒー豆200g 1,000円～。

優しい風味のハンドドリップコーヒー&金魚

大和郡山市 K-coffee《けーこーひー》

「エッ！電話ボックスが金魚の水槽に！?」。このビックリ光景を見ながら、オープンエアでコーヒーはいかがでしょう。K-coffeeさんの一杯は、香りが良くて、酸味や苦みは控えめ、優しさのあるスペシャルティコーヒー。チョコレートチップやカシューナッツ、くるみなどのオリジナルクッキーもご一緒に。新鮮な豆の販売もしてくれるのでぜひ。

MAP P7

TEL/ 090-6986-3255
住 大和郡山市柳4-46
営 10:00～18:00　席 室内2席＋屋外
休 木曜休　P 近隣駐車場を利用
http://kcoffee.jp/

「nagi lunch A」1,100円はパンまたは雑穀玄米が選べてドリンク付。

野菜たっぷりランチ&庭

斑鳩町 garden cafe 凪 -nagi-《がーでんかふぇなぎ》

敷地内にある庭で収穫した野菜やハーブを使った料理を味わえるカフェ。15～20種類ほどの野菜やハーブ、季節の花がイキイキ育つ庭を眺めつつ、週替わりのランチを。和洋中やエスニックなど様々な調理法をバランスよく取り入れ、たっぷりの野菜を飽きずに食べられる工夫が凝らされている。お店の玄関口から法輪寺の三重塔が見えますよ！

MAP P7

TEL/ 0745-51-3814
住 生駒郡斑鳩町三井 541
営 11:30～17:30頃（ランチプレート11:30～14:00）
休 木・日曜休　席 22席　P 6台
http://cafe-nagi.com/

橿原は奈良南部
旅の玄関口

近鉄橿原線と同大阪線が交差する大和八木駅、同橿原線と同南大阪線、同吉野線が乗り継げる橿原神宮前駅があり、JR万葉まほろば線（JR桜井線）も走る橿原。橿原から山手に向かうには、バス、レンタカーなどが主な手段になる。奈良の中南部をめぐるときには「橿原をどう楽しむか？」がポイントだ。

中南部《ちゅうなんぶ》のポータル都市
橿原《かしはら》早わかり

野迫川村へは和歌山経由!?

奈良県南部へ公共の交通機関で行くのは、なかなかの難問。例えば野迫川村へは、南海電車高野線を利用して高野山駅まで行き、あとはタクシーや送迎バスといった手段となる。奈良県内からはクルマでのアクセスが一般的だ。

日本一長い路線バスで
十津川村へ

橿原市の近鉄八木駅から、和歌山県新宮行のバスが出ている。この八木新宮線、高速道路を使わない路線では、日本一の走行距離を誇る路線バス（観光バスではないところがミソ）なのだ。実に全長166.9㎞、停留所の数はなんと167。時刻表によると、八木駅11:45発のバスに乗ると、和歌山県の新宮駅に到着するのは18:21というからビックリ！路線は十津川村を通るので、同村へはこのバスで行くこともできる。

万葉まほろば線ラッピング
電車が走っているよ！

ＪＲ奈良駅からＪＲ高田駅までを結ぶＪＲ桜井線（愛称：万葉まほろば線）で出合うことができるラッピング電車がある。万葉集や大和路の四季をテーマにしたラッピングの車体を見かけるだけでも楽しいが、車内も意匠が凝らされているのでチャンスがあればぜひ乗車してみて。

川上村・上北山村・下北山村へは
吉野町・上市駅から

橿原市から吉野町へは橿原神宮前駅発着の近鉄吉野線を利用。吉野町の大和上市駅前から川上村の湯盛温泉杉の湯行バスや、上北山村の大台ヶ原行バスが出ている。下北山村へは、湯盛温泉杉の湯経由、池原行または下桑原行に乗り換えて。

■黒滝村・天川村へは、大淀町の下市口駅からバスが出ている。橿原から下市口へは、橿原神宮前駅発着の近鉄吉野線で。

ゆったり奈良旅、橿原泊まりで

橿原市は奈良市に次ぐ県内第２の規模の町。中南和エリアの中核都市だけにタイプの異なる宿泊施設が整う。平成30年までに市庁舎とホテル一体型の施設が登場する予定も。町に目を向ければ、縄文遺跡あり、古墳あり、万葉ゆかりの地あり、江戸期の町並みあり。乗り換えだけじゃもったいない！

橿原神宮前駅周辺はシティホテル充実

シティホテル　橿原ロイヤルホテル
MAP:P40-A1
住 橿原市久米町 652-2
☎ 0744-28-6636
http://www.city.kashihara
最寄り駅　近鉄橿原神宮前駅

シティホテル　大和橿原シティホテル
MAP:P7
住 橿原市八木町 1 -8-16
☎ 0744-23-5151
http://www.kashihara-cityhotel.com/
最寄り駅　近鉄大和八木駅・JR 畝傍駅

旅　館　好生旅館　※現在リニューアル工事中
MAP:P40-A1
住 橿原市久米町 901
☎ 0744-22-2417
http://www1.kcn.ne.jp/˜kasihara/
最寄り駅　近鉄橿原神宮前駅

シティホテル　橿原オークホテル
MAP:P40-A1
住 橿原市久米町神宮前 905-2
☎ 0744-23-2525
http://kashihara-oakhotel.com/
最寄り駅　近鉄橿原神宮前駅

ビジネスホテル　ビジネス観光ホテル河合
MAP:P7
住 橿原市北八木町 1-3-11
☎ 0744-23-7777
http://www.bh-kawai.com/
最寄り駅　近鉄八木駅

旅　館　半九旅館
MAP:P7
住 橿原市北八木町 1 -6-11
☎ 0744-22-2850
最寄り駅　近鉄八木駅

旅　館　嘉雲亭　※「くるり」宿ページで紹介
MAP:P7
住 橿原市今井町 2-8-25
☎ 0744-23-0016
http://www.kauntei.com/
最寄り駅　近鉄八木西口駅

シティホテル　橿原観光ホテル
MAP:P40-A1
住 橿原市久米町 862
☎ 0744-22-3235
http://www.kashihara-kankou.com/
最寄り駅　近鉄橿原神宮前駅

ビジネスホテル　ビジネス旅館錦龍
MAP:P40-A1
住 橿原市八木町 1 -11-13
☎ 0744-22-2177
最寄り駅　近鉄八木西口駅

ユースホステル　あすかロードユースホステル
MAP:P7
住 橿原市木原町 70-8
☎ 0744-21-0988
http://www5b.biglobe.ne.jp/˜asuka-rd/
最寄り駅　近鉄大和八木駅・JR 畝傍駅

生活体験施設　今井庵 楽
MAP:P7
住 橿原市今井町 1 -11-3
☎ 0744-29-0050（今井町並み再生ネットワーク）
http://imaisaiseinet.web.fc2.com/imaianraku/top.html
最寄り駅　近鉄八木西口駅

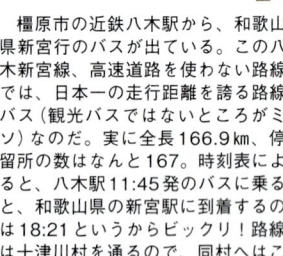

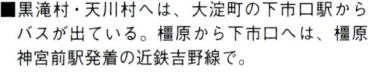

モーニングにおやつ
大和八木駅周辺おすすめ処

一番人気の
「ざる豆腐」330円

駅すぐナチュラルカフェで朝食を

ナチュラルカフェ茶々《なちゅらるかふぇちゃちゃ》

カフェのテーマは「身体が喜ぶ食べ物」。モーニングセット（700円）は、天然酵母入りパンのトーストを中心とするAセットと、玄米とこんにゃく米使用でカロリーを抑えたおにぎりに季節野菜の煮物などがつくBセットから選んで。健康茶、ローカロリースイーツなどもあり。

MAP:P7
住 橿原市内膳町5-1-11　☎0744-23-0069
営 9:00〜19:00、(L.O18:40)　休 無　席 無

おもたせしたい創業100年の味わい豆腐

會崎豆腐店《かいさきとうふてん》

大正２（1913）年創業の老舗で料亭や割烹への卸専門だった豆腐店が、2013年にオープンした小売店。九州産大豆・ふくゆたかを贅沢に使った「山の辺の四季」シリーズは濃厚な味わいと爽やかな香り。豆乳とおからで軽やかに仕上げた豆乳ドーナツ（3ケ入240円）も人気。

MAP:P7　住 橿原市内膳町2-4-5 メゾンシャルム 1F　☎0744-35-6862
営 10:00〜19:00　休 火曜休　P 3台

古来より交通の要所だったんです。

日本最古の国道と言われる「横大路」と、藤原京の西京極から平城京の朱雀大路を結ぶ「下ツ道」。二つの目抜き通り（いずれも元々の道幅は30〜40mもあったとか！）が交わっていたのが現在の橿原市八木札の辻である。

江戸時代中期以降は、伊勢への参詣者で大いに賑わい、松尾芭蕉、本居宣長、吉田松陰ら、そうそうたる顔触れも訪れた。近鉄八木駅南数分のところには伊勢神宮までの道先案内として設置された灯籠「太神宮灯籠《だいじんぐうとうろう》」が残されている。「横大路」と「下ツ道」が交わる辻には、人々への注意書きが記された立て看板が立てられ「八木札の辻」と呼ばれていたが、この頃の様子を、嘉永元（１８４８）年発行の「西国三十三所名所図会」の絵からうかがい知ることができる。

八木札の辻交流館《やぎふだのつじこうりゅうかん》

市指定文化財「東の平田家（旧旅籠）」が八木札の辻交流館として利活用されていて見学や休憩が可能。タイミングがあえばスタッフさんから面白い八木の町のお話が伺えるかも。この「東の平田家」、「西国三十三所名所図会」の様子そのままでビックリ！

MAP:P7　住 橿原市北八木町2-1-1　☎0744-26-2684
営 9:00〜17:00　休 月曜休（祝日の場合は翌日休）、年末年始　P 無

地野菜豊富なメニューで
お酒も進む駅近おすすめ処

自家農場野菜メニューで呑む！

農家酒場《のうかさかば》　どはってん《どはってん》

自家農場で栽培したお米や野菜を使ったメニューをいただけるヘルシーな酒場は、14時からオープンで昼飲みできるところもナイス。ちなみに農場は、水質が良いことで知られる葛城・二上山麓《にじょうさんろく》にあるとのこと。飲み放題150分付で5,000円のコースなどが用意されているので宴会にも。

MAP:P40-A1
住 橿原市 久米町889-2
☎0744-29-3336
営 14:00〜22:00
休 月曜、第1・3火曜休
席 20席
P 2台

野菜が生きる激旨中華で呑む！

旬菜中華バル《しゅんさいちゅうかばる》　ミツカン《みつかん》

腕利きシェフと野菜ソムリエの奥さんが営む中華バルは本格派の味を楽しませてくれる駅近の人気店。思わず「旨い！」と声の出る一皿一皿をいただきながら、壁にずらっと並んだ奈良の地酒や焼酎など、品揃えに自信ありなお酒も一緒に。気さくな雰囲気に杯が進む素敵な店だ。

MAP:P7
住 橿原市内膳町4-4-5　☎0744-25-7288
営 17:00〜24:00(L.O 23:00)　休 日曜休　席 20席
P 近隣コインパーキング利用

この夫婦なくして橿原の歴史は語れない

本薬師寺跡《もとやくしじあと》

天武天皇が後の持統天皇である皇后の病気平癒を祈願して発願、天武天皇崩御の後、持統天皇が想いを継いで完成させた寺院。平城遷都に伴い現在の奈良市に薬師寺が建立されたため、「本薬師寺」と呼ばれるように。夏、周辺に咲くホテイアオイが見事。

(P.72へ)

MAP:P40-A1
住 橿原市城殿町
☎ 0744-21-1115(橿原市観光課)
P 有

天武天皇《てんむてんのう》と持統天皇《じとうてんのう》

藤原京は天武天皇が都の造営を始め、その妻の持統天皇が完成させている。藤原京の時代は16年と短期だったが、その間に大宝律令の制定や通貨・和同開珎を発行するなど国の基盤が形作られたのだった。

藤原宮跡《ふじわらきゅうせき》

藤原京の中心地だった藤原宮。その跡地である藤原宮跡は、現在広々とした風景が広がり、ぐるりと見回せば大和三山が。現在は、菜の花、ハス、キバナコスモス、コスモスと季節を追って美しい様子を見せてくれる花の名所としても人気を集めている。

MAP:P40-B1
住 橿原市醍醐町
☎ 0744-21-1115(橿原市観光課)
P 有

記紀万葉の名所たっぷり

名勝《めいしょう》・大和三山《やまとさんざん》

「大和三山」とは橿原市内にある香具山《かぐやま》・畝傍山《うねびやま》・耳成山《みみなしやま》の総称。山々は三角形を描くように位置している。それぞれに美しい山姿と絶妙な距離感からか、古代より人々に愛されてきた。いずれも小一時間程度の軽登山を楽しめるようになっている。

MAP:P7
住 耳成山:奈良県橿原市木原町、香具山:同南浦町、畝傍山:同畝傍町ほか
☎ 0744-21-1115(橿原市観光課)
P 耳成山は麓の耳成山公園に駐車場あり

藤原宮跡ウォーキングで立ち寄りたいおすすめ処

素朴な味わいの小麦餅をお土産に

総本家《そうほんけ》 さなぶりや

田植え後の祝日(さなぶり)にいただく郷土食「半夏生餅」を食べやすくアレンジした「さなぶり餅(1個135円、6個入615円)」。奈良産全粒粉小麦を使用し、粒感をあえて残した餅はあっさりとした甘さ。取り扱い品の藤原宮跡で収穫されたハスの実を使った「藤原宮ハスの実甘納豆(300円)」も美味。

MAP:P40-A1
住 橿原市縄手町243　☎ 0744-22-2243
営 9:00〜17:00　休 火曜休　席 8席　P 無

牧場直営店の絶品ソフトを食べよう!

みるく工房飛鳥《みるくこうぼう.あすか》

香久山麓に位置する西井牧場の直売店。牛乳やヨーグルトの販売、新鮮な牛乳を惜しみなく使ったスイーツや軽食も。中でも人気なのはミルク本来のまろやかな甘さを楽しめる「しぼりたてミルクのソフトクリーム(350円)」。定番のバニラのほか、季節ごとの限定メニューあり。

MAP:P40-B1
住 橿原市南浦町877　☎ 0744-22-5802
営 10:00〜17:30　休 無休　席 15席　P 4台

初代天皇ゆかりの地

神武天皇陵《じんむてんのうりょう》

橿原神宮のご祭神である神武天皇の陵墓。神宮に隣接する円墳。『古事記』『日本書紀』によると、神武天皇は熊野で出会った3本足の「八咫烏」に導かれて行軍。吉野の山を越えて大和に入り、大和を平定。紀元前660年1月1日に橿原宮で即位したと伝わる。

MAP:P40-A1
住 橿原市大久保町　☎ 0744-22-3338(宮内庁書陵部畝傍陵墓監区事務所)
営 8:30〜17:00　P 有

平成28年は神武天皇二千六百年大祭

神武天皇が崩御されてから2600年の節目となる平成28(2016)年。橿原神宮では、奉祝行事が執り行われる。また、本殿の桧皮屋根《ひわだやね》の葺替《ふきかえ》え工事、御神宝の新調や修理などさまざまな記念事業もあるメモリアルイヤーだ。

橿原神宮《かしはらじんぐう》

神倭伊波禮毘古命《かむやまといわれびこのみこと》(のちの神武天皇)が創建、初代天皇として即位した橿原宮。『日本書紀』において日本建国の地と記される場所に、明治天皇によって創建されたのが橿原神宮。神武天皇を導いたという八咫烏《やたがらす》を描いたお守りや巨大絵馬も有名。

MAP:P40-A1
住 橿原市久米町934　☎ 0744-22-3271　開 開門時間は日の出から日没まで(時期により異なる)　P 800台(普通車1回500円)

今井町《いまいちょう》

「大和の金は今井に七分」と言われるほど繁栄した今井町。江戸期の建築物が多数残り、重要伝統的建造物保存地区に指定されている。毎年春の「今井町並み散歩」では時代衣装での茶行列やフリーマーケット「六斎市」が開催され、町が大にぎわいを見せる。

MAP:P7
住 橿原市今井町
P 華甍西側駐車場を利用（有料）

駒つなぎ
今井町で見かけるこの金具は「駒つなぎ」と言います。牛馬をつないでおく、いわば当時のパーキング。今井町のマンホール図案にもなっている町のシンボル。

新沢千塚古墳群《にいざわせんづかこふんぐん》

古代史好きさんはもちろん、ベビーカーを押しながらのお散歩にもおすすめ。歩きやすい舗装道がめぐらされ、展望スペースも。ペルシャや中国、朝鮮半島からもたらされた目を見張る副葬品が出土した126号墳も遊歩道沿いにあり間近に見ることができる。

MAP:P19-B2
住 橿原市鳥屋町・北越智町・川西町
☎ 0744-47-1315（橿原市生涯学習部文化財課）
P 歴史に憩う橿原市博物館駐車場を利用

華甍《はないらか》

明治36（1903）年高市郡教育博物館として建設され、昭和4（1929）年より今井町役場にも使用されていた貴重な建築が、現在は今井町の歴史を知る資料を集めた資料館に。今井町のジオラマや、各種マップなども置かれているので、町歩きの際はここで情報収集を。

MAP:P40-A1
住 橿原市今井町2-3-5　☎ 0744-24-8719
営 9:00〜17:00（入館16:30まで）　休 月曜休（祝祭日の場合は開館、翌日休）　P 10台以上（有料）

歴史に憩う橿原市博物館《れきしにいこうかしはらしはくぶつかん》

橿原市を代表する縄文時代の終わり頃から江戸時代までの、二千数百年にわたる遺跡出土資料を展示。時系列の分かり良い展示で、子どもが楽しめる仕掛けも。館内では出土品の整理作業が行われていて、その様子をガラス越しに見学することもできる。

MAP:P19-B2
住 橿原市川西町858-1
☎ 0744-27-9681
営 9:00〜17:00（入館16:30まで）
休 月曜休（祝日の場合は翌日休）
席 大人 300円、高校大学生 200円、小中学生 100円　P 有

町並み、古墳 歩いて楽しい橿原

こんもり盛り上がった小山、小山、また小山。この光景、実は古墳が集まった新沢千塚古墳群《にいざわせんづかこふんぐん》。丘陵地帯に約600基の墳墓が集まっている珍しい様子は、その場に身を置くとますます仰天すること請け合いの不思議空間だ。現在北側エリアの整備が進み、気軽なウォーキングコースとしてもおすすめ。

その他にも、橿原には縄文遺跡も複数あり、近年は桜井市との間に聖徳太子の父・用明天皇が池辺双槻宮《いけのべのなみつきのみや》を営んだとされる磐余池《いわれいけ》の堤跡ではないかとされる発見も。

茶人・今井宗久以来の茶の湯文化と自主独立精神を受け継ぎ、江戸時代の町並みを奇跡的な広さで残す今井町も必見。さまざまな時代が隣り合う橿原が楽しい！

ミステリースポット!?

益田岩船《ますだいわふね》

東西約11m、南北約8m、高さ約5m、上方に深さ1.3mの四角い穴が2つというまだまだ謎めいた巨大石造物。ロープ伝いに登る悪路と藪の中という立地で訪れる人は少ないが、江戸時代に発行された『大和名所図会』に描かれた元祖橿原観光名所！

MAP:P40-A2
住 橿原市白樫町
☎ 0744-21-1115（橿原市観光課）　P 無

「ほっ」と優しい味の手作りカステラ

六斎堂《ろくさいどう》

橿原産の新鮮な卵を贅沢に使ったカステラは橿原みやげの人気定番。しっとり滑らかで口どけ良い生地、ザラメの食感がアクセントになっている。プレーン（1斤1,000円）のほか、抹茶や金ごま（各1,100円）など。併設のお休み処では珈琲+カステラのセットでいただこう（450円）。

MAP:P7
住 橿原市今井町2-10-29　☎ 0744-22-0806
営 10:00〜17:00　休 月・火曜休　席 8席　P 無

素材の味丸ごとのお漬物ぱくり！

今井十辺舎《いまいじゅっぺんしゃ》

奈良産を中心とする旬の野菜のほか、柿やリンゴなどのフルーツの漬物といった変わり種もあり。吉野から毎日運び込む上質な水を使い、オリジナルのダシで漬け込んだ漬物は、あっさりとサラダ感覚で食べられる。持ち帰りのほか、喫茶スペースでは漬物を使った軽食等（要予約）も。

MAP:P7
住 橿原市今井町2-7-22　☎ 0744-29-6060　営 11:30〜17:00
休 火曜、ほか不定休あり（来店前に問合せがベター）
席 15席　P 近隣駐車場を利用

今井町でひと休みしたいときのおすすめ処

古い町の新しいカフェでリラックス

Cafe-Tamon《かふぇたもん》

空間が心地よいカフェ。お昼は、2週間ごとに替わるパスタやプレートのランチ、スパイスを独自にブレンドするカレーなどをいただける。手作りスイーツも人気で、例えば注文ごとに焼き上げるほかほかワッフルに甘酸っぱいベリー、ホイップ&アイスのこの一皿（ベリー700円）！

MAP:P7
住 橿原市今井町2-1-14 今井ビル1F　☎ 0744-29-8363
営 10:30〜16:00※季節により異なる
休 土・日・祝日休　席 18席　P 5台

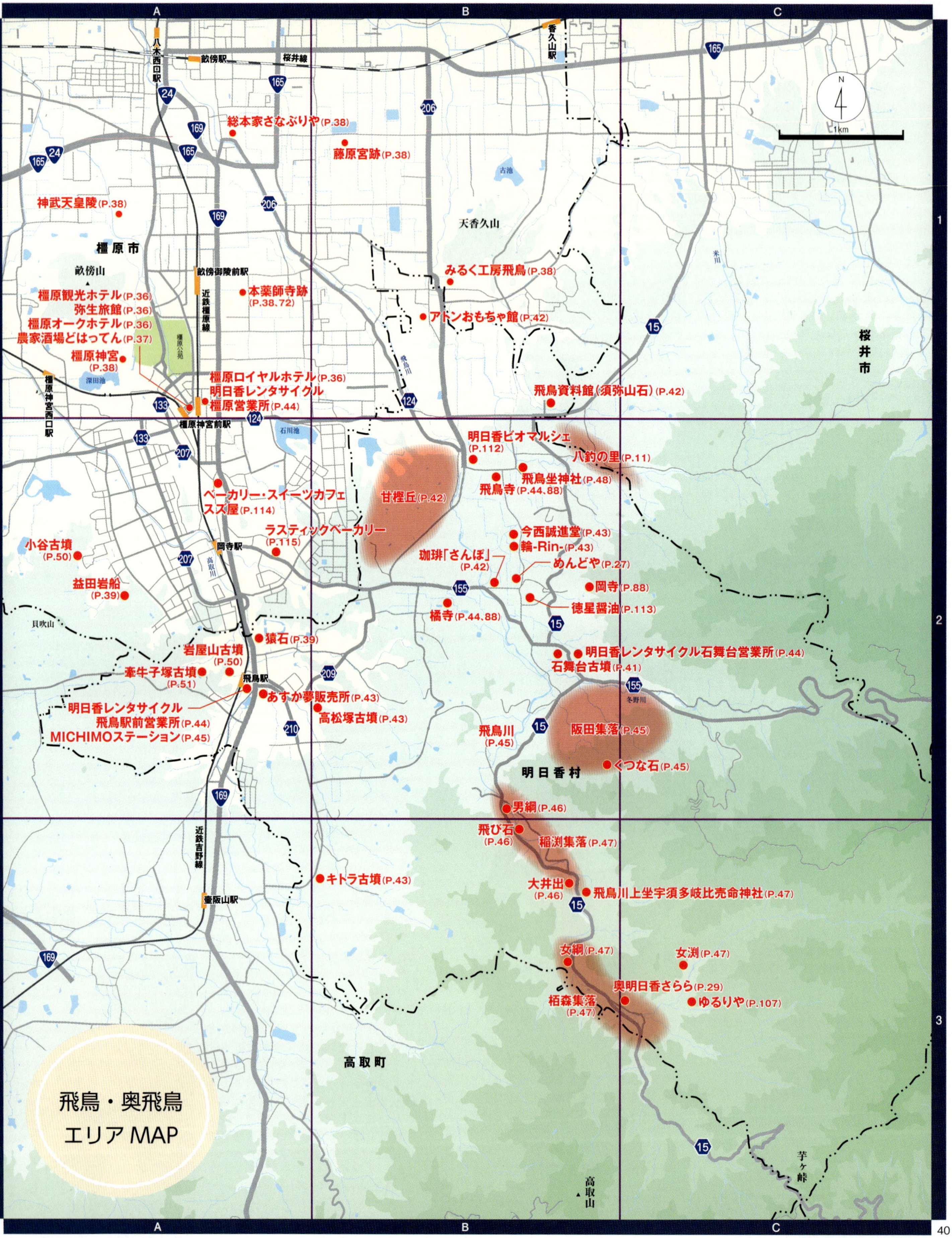
飛鳥・奥飛鳥
エリア MAP
八木西口駅
畝傍駅
桜井線
香久山駅
総本家さなぶりや(P.38)
藤原宮跡(P.38)
神武天皇陵(P.38)
橿原市
畝傍山
天香久山
古池
米川
畝傍御陵前駅
近鉄橿原線
本薬師寺跡(P.38、72)
みるく工房飛鳥(P.38)
アトンおもちゃ館(P.42)
橿原観光ホテル(P.36)
弥生旅館(P.36)
橿原オークホテル(P.36)
農家酒場どはってん(P.37)
橿原神宮(P.38)
深田池
橿原公苑
橿原神宮西口駅
橿原ロイヤルホテル(P.36)
明日香レンタサイクル
橿原営業所(P.44)
橿原神宮前駅
桜井市
飛鳥川
飛鳥資料館(須弥山石)(P.42)
石川池
明日香ビオマルシェ(P.112)
八釣の里(P.11)
飛鳥坐神社(P.48)
飛鳥寺(P.44、88)
甘樫丘(P.42)
ベーカリー・スイーツカフェ
スズ屋(P.114)
ラスティックベーカリー(P.115)
岡寺駅
高取川
小谷古墳(P.50)
今西誠進堂(P.43)
輪-Rin-(P.43)
めんどや(P.27)
珈琲「さんぽ」(P.42)
岡寺(P.88)
益田岩船(P.39)
徳星醤油(P.113)
橘寺(P.44、88)
貝吹山
猿石(P.39)
岩屋山古墳(P.50)
明日香レンタサイクル石舞台営業所(P.44)
石舞台古墳(P.41)
牽牛子塚古墳(P.51)
飛鳥駅
あすか夢販売所(P.43)
明日香レンタサイクル
飛鳥駅前営業所(P.44)
MICHIMOステーション(P.45)
高松塚古墳(P.43)
冬野川
飛鳥川(P.45)
阪田集落(P.45)
明日香村
くつな石(P.45)
男綱(P.46)
飛び石(P.46)
稲渕集落(P.47)
近鉄吉野線
キトラ古墳(P.43)
大井出(P.46)
飛鳥川上坐宇須多岐比売命神社(P.47)
壺阪山駅
女綱(P.47)
女渕(P.47)
奥明日香さらら(P.29)
栢森集落(P.47)
ゆるりや(P.107)
高取町
芋ヶ峠
高取山
N
1km

飛鳥《あすか》・奥飛鳥《おくあすか》

日本史上初の首都ができた飛鳥は、日本が日本と名乗り、
さまざまな文化が誕生した場所でもあります。
そんな「はじまりの地」飛鳥の魅力は何と言っても
「バランス感」。古き良き里山の風景を守りながら、
道路や公園はきちんと整備され、
遺跡や石造物、カフェや農家レストランなど、
地上も地下も、古代と現代の営みで溢れています。
そんな「スロー」と「ワンダー」が混ざり合う、
ゆっくりとして不思議な飛鳥を、存分にお楽しみください。

石舞台古墳　MAP:P40-B2

赤司研介
奈良東部在住。現在は大阪八尾の印刷会社「シーズクリエイト」の CSR 室に所属。日英バイリンガルのフリーペーパー「naranara」編集長。Web マガジン「greenz.jp」のシニアエディター兼ライター。明日香村の「槻ノ宴（ツキノエン）」実行委員でクリエイティブ & 音楽担当。ほしい未来へ徒歩で向かっています。

※入館料・拝観料は大人料金のみ表記しています

飛鳥

今から1300年前の飛鳥時代。都が置かれたこの地には、当時の人々の営みを感じられる場所や伝説が数多く残されています。まずは、「飛鳥資料館」の元学芸員の成田さんをナビゲーターに迎え、飛鳥の楽しみ方や史跡の解説を伺いながら、そこから読み取れる人々の営みを見に行きましょう。

飛鳥の案内人

成田 聖(なりたさとし)さん

1980年、福岡県生まれ。九州大学大学院博士課程卒 博士号(芸術工学)。専門分野は近世日本建築史、博物館学。2009年より5年間、飛鳥資料館学芸室研究員として勤務。現在は退職し、現代美術ギャラリー「艸居(そうきょ)」にてチーフキュレーターを務める。ユニークなキャラクターと、ユーモア溢れる解説が各方面で話題。

楽しみ方① 甘樫丘に登ってみよう!!

NARITAクイズQ1

古代の「飛鳥」はどのぐらいの広さ?

①展望台から見渡せる広大な範囲すべて
②現在の明日香村とほぼ同じ広さ
③実は限られた狭い一部の地域

蘇我氏の邸宅があったと言われるビュースポット

甘樫丘《あまかしのおか》

P40-B2 住 高市郡明日香村豊浦
☎0744-54-2441 ¥無料 P有

飛鳥に着いたら、まず甘樫丘に登ってみましょう。10分ほどで山頂の展望台に到着します。東の眼下に広がるのが古代飛鳥です。春夏は美しい緑が、秋には金色の風景が目に入ることでしょう。ちなみにこの丘、大化の改新でも有名な蘇我氏《そがし》の邸宅があったと言われている場所。飛鳥は至る所に歴史のエピソードが隠されているのです。

楽しみ方② 飛鳥資料館に行ってみよう!

飛鳥の歴史を幅広く知ることができる資料館

飛鳥資料館《あすかしりょうかん》

P40-B1 住 高市郡明日香村奥山601
☎0744-54-3561 ¥270円 P有
営9:00〜16:30(入館は16:00まで)

甘樫丘に登って飛鳥の広さを体感したら、次は飛鳥資料館へ行ってみましょう。この資料館では、展示を宮殿、石造物、古墳・壁画、寺院、復原山田寺東回廊などのコーナーに分け、飛鳥の歴史をわかりやすく紹介しています。飛鳥には、知っているとよりおもしろいというスポットがたくさんあります。ここで飛鳥のことを幅広く把握してから、興味がわいた場所を巡ってみましょう。

NARITAクイズQ2

次の中で最も古いものはどれ?

①現存する世界最古の木造建築物「法隆寺(西院伽藍)」
②1300年ほど前に描かれた高松塚古墳壁画
③飛鳥資料館にある山田寺東回廊

珈琲《こーひー》「さんぽ」《さんぽ》

木の温もりを感じる、穏やかな店内。店主がいれる自家焙煎珈琲、奥さんが作るマレーシア料理「海南鶏飯」は絶品です。ほっと一息、幸せなひとやすみをどうぞ。

MAP:P40-B2 住 高市郡明日香村岡55-4 ☎0744-41-6115 P有
営10:00〜17:30(10月〜2月は16:30まで) 休木・金曜休(祝日は営業)
http://coffee3po.exblog.jp

アトンおもちゃ館《あとんおもちゃかん》

約4万点にも及ぶ、昭和のおもちゃや生活雑貨が展示されています。幼い記憶が蘇ったり、「こんなアニメがあったの!?」と少し笑っちゃったり、いろんな楽しみ方ができますよ。

MAP:P40-B1 住 高市郡明日香村小山336 ☎0744-54-3263 P有
営10:00〜18:00 休月曜休(祝日は営業) ¥300円
http://homepage3.nifty.com/aton-omotyakan/

あすかのススメ

自然・遺跡・歴史・神社仏閣など、
ただでさえ盛りだくさんの飛鳥巡りを
もっと楽しくしてくれる、
バラエティに富んだお店たちを
ご紹介します。

楽しみ方③　飛鳥を知ってからスポットを巡ろう！

高松塚壁画館内の様子

世の中を湧かせた
極彩色壁画が描かれた古墳

高松塚古墳《たかまつづかこふん》・キトラ古墳《きとらこふん》

高松塚古墳　MAP:P40-A2
住 高市郡明日香村平田 439　¥ 無料（壁画館は有料）　P 有
キトラ古墳　MAP:P40-B2
住 高市郡明日香村阿部山 136-1　P 無

日本では、石室の壁面に極彩色の画が描かれた古墳は2か所のみ発見されています。それが高松塚古墳とキトラ古墳です。実はこの2つ、共に四神が描かれるなど、特徴がよく似ています。ですが、人によって見解が分かれたり、謎に包まれた部分もまだまだ残されているのです。高松塚古墳に隣接する壁画館では、壁画の特徴をわかりやすく説明してくれます。キトラ古墳壁画を展示する体験学習館も2016年にオープンする予定ですよ。

上空から見たキトラ古墳

高松塚古墳

高松塚古墳の西壁に描かれる神獣「白虎」

NARITA クイズQ3

高松塚の名前の由来は？

①その昔、お墓の上に松が立っていたから
②皇族の宮家「高松宮」から
③四国の高松市から

国内では類例のない
階段ピラミッド型の古墳

都塚古墳《みやこづかこふん》

MAP:P40-B2
住 高市郡明日香村阪田
¥ 無料　P 無

最近注目を浴びた、階段ピラミッド型の古墳です。このような変わった形をした古墳は日本では例がありません。当時の友好国である百済の影響でしょうか。この変わった古墳は「蘇我稲目《そがのいなめ》」の墓だと言う人もいます。このように、明日香村では次々と新たな古代の謎が、現在も見つかっているのです。

あすか夢販売所《あすかゆめはんばいしょ》

飛鳥の野菜や特産品が集められた直売所。旬の食材が並び、毎日たくさんの人が訪れています。飛鳥名産の苺「あすかルビー」のソフトクリームもおいしいですよ。

MAP:P40-A2　住 高市郡明日香村御園 2-1　☎ 0744-54-5670　P 有
営 9:00〜17:00　休 年末年始
http://askyume.com/

今西誠進堂《いまにしせいしんどう》

創業60 年、吉野が本店の老舗和菓子屋さん。みたらし団子や焼きもちなど、いろんな種類の和菓子が楽しめます。持ち帰りできるので、食べ歩きもおすすめです。

MAP:P40-B2　住 高市郡明日香村岡 383-4　☎ 0744-54-5288　P 有
営 9:00〜17:00　休 火曜休

輪《りん》 -Rin-

「日本に受け継がれてきた季節感溢れる文化や生活の知恵の再発見」をテーマにした商品を取り扱う、生活和雑貨店。手づくり作品のギャラリーも併設しています。

MAP:P40-B2　住 高市郡明日香村岡 385-4　☎ 0744-56-1180　P 有
営 10:00〜16:00　休 月・火曜休
http://web1.kcn.jp/rin/

後に聖徳太子と呼ばれる厩戸皇子が生まれた場所

橘寺《たちばなでら》

MAP:P40-B2　住 高市郡明日香村橘 532
☎0744-54-2026　¥ 350 円　P 有

橘寺は、厩戸皇子《うまやどのみこ》が生まれたと伝わる場所に建つお寺。厩戸皇子と言うと馴染みがない方もいるかもしれませんが、後の世の人々が「聖徳太子」と追号した人です。小高い丘の上にあって見晴らしも良く、春には桜、秋には金色の稲穂が周囲を包み、彼岸花や酔芙蓉《すいふよう》に彩られるとても気持ちのよい場所ですよ。

猿？ 小人？ 妖精？ 古代人が作った謎の石

猿石《さるいし》

MAP:P40-A2
住 高市郡明日香村平田 1859-1（吉備姫王墓内）
☎0744-22-3338　P 無

明日香村には「猿石」と呼ばれる不思議な形をした石があります。猿？ 小人？ 妖精？ それぞれが異なったデザインで、顔が2つあったり、なんとも愛嬌のある表情で微笑んでいたり。どんな意味や思いを込めて古代の人々はこの石を作ったのでしょうか。ぜひお気に入りの「マイ猿石」を選んでみてください。

客人をもてなした古代の噴水

須弥山石《しゅみせんせき》

MAP:P40-B1
住 高市郡明日香村奥山 601（飛鳥資料館内）
☎0744-54-3561　P 有

これは珍しく用途が分かっている石造物で、古代の噴水です。水圧を利用して一番下の石の側面から水がチョロチョロと流れ出る仕掛けに。遠方から来たお客をもてなす施設に置かれていたと考えられています。ちなみに、須弥山とは仏教世界の中心にある、大きな山のことです。

NARITA クイズQ4

飛鳥では水を扱う施設が多数見つかっていますが、その「水」はどのように供給したのでしょうか？
①川から人力で水を汲んでいた
②現在同様に水道管を張り巡らせていた
③湧き水が出るところに施設をつくった

古代のパイオニアが作り上げた日本初の本格的寺院

飛鳥寺《あすかでら》

MAP:P40-B2　住 高市郡明日香村大字飛鳥 682
☎0744-54-2126　¥ 350 円　P 有

蘇我氏が建立した日本初の本格的寺院として有名な飛鳥寺。大化の改新で滅ぼされた蘇我本家は、何やら悪者のように描かれますが、大陸の技術や文化をダイナミックに取り入れ、後の日本に強力な影響を与えた功績は見逃せません。さまざまな反対にあいながら、飛鳥寺を作り上げたその胆力と先見の明。まさにその時代のパイオニアと言えるでしょう。若いご住職がわかりやすく当時のことを教えてくれますよ。ぜひ訪れてみてください。

明日香レンタサイクル《あすかれんたさいくる》

MAP:P40-A1・2・B2

連絡本部

明日香村大字御園138-6
TEL：0744-54-3919(代)
FAX：0744-54-4501

営業時間

9:00〜17:00

ご利用料金【1日1台】

《自転車》平日：900円 / 土・日・祝祭日：1,000円
《電動自転車》一律：1,500円
《乗捨料》200円

営業所

亀石営業所、石舞台営業所、
飛鳥駅前営業所、橿原営業所

自転車でのんびり
走るのも気持ちいいよ♪

クイズの答え
Q1.③ Q2.③ Q3.① Q4.②

奥飛鳥

国が重要文化的景観に指定し、飛鳥の中でもとりわけ昔ながらの景観が残されている地域が奥飛鳥です。ここからは、この地で生まれ育ち、長年たくさんの観光客をガイドしてきた寺西さんをナビゲーターに迎え、奥飛鳥の魅力をご紹介。飛鳥のさらなる深淵へ、どうぞお進みください。

奥飛鳥の案内人

寺西 和子（てらにしかずこ）さん

飛鳥京観光協会が運営する、飛鳥京ボランティアガイド。村出身で、15 年もの間、多くの観光客をガイドしている。史実をそのまま伝えるでなく、聞く人がイメージしやすい現代での例えを用いながら行う案内が評判。村民だからこそ知る村での暮らし、植物や自然についても話を聞けるのが楽しい。

ガイドの申し込み
飛鳥京観光協会：0744-54-2362・3240
高市郡明日香村島庄 5　P有　http://www.asukakyo.jp/

春になると神様がお出になる

阪田集落《さかたしゅうらく》

MAP:P40-B2
住 高市郡明日香村阪田 938
P 無

阪田集落にはかつて坂田寺がありました。このお寺は持統天皇の時代、飛鳥五大寺の一つだった尼寺。日本で初めて、11 歳で得度（資格）を受けた尼さんの「善信尼《ぜんしんに》」ゆかりのお寺で、奈良時代には、東大寺の大仏の東脇侍である観音菩薩像を寄進しています。
また、この辺りには神様がお出になる山「オデヤマ」があり、その麓《ふもと》にある棚田の上方には、飛鳥京・藤原京・平城京の三つの都が見渡せる場所があります。

奥飛鳥めぐりにどうぞ！

EV レンタル「MICHIMO」

2014 年10 月から、電気で動く超小型モビリティのレンタルサービス「ミチモ」がスタート。二人乗りで坂道もらくちん！予約はwebサイトまたはお電話でどうぞ。

MAP:P40-A2　住 高市郡明日香村越13-1　☎ 0744-54-2099　P 有
営 9:00～18:00 ※季節によって変動　¥ 8,000円～　http://michimo.jp/

水の神様を祀った神社の伝説の石

くつな石《くつないし》

MAP:P40-B2
住 高市郡明日香村阪田　P 無

ここは水の神様「高龗神《たかおかみのかみ》」を祀っている龗《おかみ》神社なのですが、この大きな「くつな石」にもある伝説があります。その昔、この石を切り出そうとした石屋が石を叩いたところ、石の割れ目から赤い血と共に瀕死の蛇が現れました。驚いた石屋は逃げ帰るも、その夜から激しい熱と腹痛に襲われ、亡くなってしまったとか。その後、祟りを恐れた村人が神が宿る石として祀るようになったのだそうです。ちなみに、このあたりでは、蛇のことを「くつな」と言うんですよ。

奥飛鳥

日本棚田百選にも選ばれる奥飛鳥の名勝

稲渕集落《いなぶちしゅうらく》

MAP:P40-B2・3
住 高市郡明日香村稲渕　P 無

棚田は歩く度に風景が変わります。春は新芽が出てきて山の色が変わり、秋になれば稲穂の色も大きさも変わってきます。また、花を咲かす植物も鳥の声も変わります。6月になればホトトギスが鳴き、秋が深まると渡り蝶の「浅黄斑《あさぎまだら》」に出会えることも。ここは、そういった「自然に癒される」という人がたくさん訪れる場所です。農業は命を支えるものですが、景観は心を支えてくれるのかもしれません。

男性器を象った綱でできた結界

男綱《おづな》

MAP:P40-B2
住 高市郡明日香村稲渕1161-1
P 無

飛鳥川の上に掛けられた、男性器を象った綱の結界です。毎年1月に掛替えの神事を行い、「子孫繁栄」「無病息災」「五穀豊穣」を祈ります。

万葉集でも数多く歌われた

飛鳥川《あすかがわ》

MAP:P40-B2・3
住 高市郡明日香村稲渕

古代、数多くの万葉人たちの思いを代弁してきた、飛鳥を象徴する一級河川です。明治時代に道路の拡張で川幅が狭められましたが、今なお豊かな水量で飛鳥の地を潤してくれています。

平安時代から使われる人々の知恵の結晶

大井出《おおいのいで》

MAP:P40-B3
住 高市郡明日香村栢森
P 無

千年ほど前に、田んぼを潤すために作られた人工の川。自然の地形を利用して、5kmほど水をゆっくり運んでいます。昔は測量機などなく、星と提灯で勾配《こうばい》を計算していたそう。命をつなぐ知恵の結晶ですよね。

万葉の時代から受け継がれてきた石橋

飛び石《とびいし》

MAP:P40-B3
住 高市郡明日香村稲渕
P 無

万葉集で、切ない恋心を表現するために用いられた石橋です。残っているのは稲渕集落で数カ所。川の流れで動いてしまう度に村の人々が元に戻し続け、今なお存在しています。

山をご神体とする
日本一名前の長い神社

飛鳥川上坐宇須多岐比売命神社《あすかかわかみにいますうすたきひめのみことじんじゃ》

MAP:P40-B3
住 高市郡明日香村稲渕 698　P 無

皇極天皇が雨乞いをされたという説もある、山がご神体の神社です。日本一名前が長く、拝殿までの石段も200 段近くありますが、登った先にはとても神秘的な空間が広がっています。ここにいらしたら、ぜひ階段下の川底にも注目してください。くぼんだ大きな一枚岩が見えるはず。そこは常に水が流れています。古代の人々にとって、水が集まる所は力が集まる所。だから、ここで雨乞いをしたのかもしれません。私はいつも、ここで元気をもらっています。

栢森集落に伝わる
女性器を象った結界

女綱《めづな》

MAP:P40-B3
住 高市郡明日香村栢森85付近
P 無

男綱に相対するように飛鳥川に掛けられた、女性器を象った綱の結界です。こちらの掛替えは僧侶によって仏式で行われ、男綱同様、「子孫繁栄」「無病息災」「五穀豊穣」を祈ります。

竜宮に繋がっていると
伝えられる滝壺

女渕《めぶち》

MAP:P40-C3
住 高市郡明日香村栢森258付近
P 無

竜宮に繋がっているという伝説が残る滝壺で、ここも皇極天皇の雨乞いの地という説があります。足元の悪い川沿いを歩くので、川に落ちないように気をつけてくださいね。

故郷の音がする古き良き集落

栢森集落《かやのもりしゅうらく》

MAP:P40-B3・C3
住 高市郡明日香村栢森　P 無

栢森という集落は、どこを歩いていても瀬音が聞こえてくる、とても気持ちのいい所です。川底が整備されずに、岩肌のままだったり、昔ながらの風景が残されていて、「国の重要文化的景観」にも指定されています。

奥飛鳥

INTERVIEW

飛鳥坐神社《あすかにいますじんじゃ》　宮司 飛鳥弘文さん

飛鳥に漂う、神々の気配

第87代目の飛鳥弘文宮司。明日香村の中で唯一、飛鳥姓を名乗る。

MAP:P40-B2
住 高市郡明日香村飛鳥707　☎0744-54-2071　P 有
http://www2.ocn.ne.jp/~jinja/

八十万《やそよろず》の神々を統率して「事をしろしめす」神様

明日香村大字飛鳥。飛鳥を象徴する飛ぶ鳥の名前がつけられたこの場所に、飛鳥坐神社がある。神社の創建については不明だが、その歴史は古く、現在の宮司は、87代目を数える。ご祭神である「八重事代主神《やえことしろぬしのかみ》」は、八十万の神々を引き連れて、飛鳥の地に納まった統率神。事をしろしめ、物事を治める神様なのだそうだ。

―事代主の神様は、引き連れた八十万の神様たちと、ことあるごとに会議をしています。そして、例えば結婚する年頃の男女がいれば、神様同士で連絡をとりあって、縁を結んだりするわけです。二人の男女が結ばれる確率は、一億三千万分の一。それが良縁かどうか、人間の感覚では計り知れません。そういった私たちの選択を、言霊《ことだま》で教えてくれているのが事代主の神様なのです。―

しかし、今の時代はこういった言霊を受け取ることが難しくなってきていると、飛鳥宮司は話す。

―この村に米田さんという農家さんがいらっしゃるのですが、米田さんは、毎日何度も田んぼに足を運びます。ある日、米田さんに「なんでそんなに毎日行かはりますの？」と尋ねたところ「水が足らん」とか「肥料をくれ」とか、「米が話をするからだ」とおっしゃっていました。その実、米田さんの田んぼでは、たくさんの収量がとれます。こういった感覚は、想像する機会の減ったデジタルの中で生きているだけでは、なかなか感じられません。

最近ハロウィンという、欧米の収穫祭が流行っていますが、日本には日本の秋祭りがあるわけです。結婚式も、このところ神前で行う人が増えてきていますが、教会で行う人がたくさんいます。もちろん、それ自体が悪いことではありません。でも、形だけでなく、日本的なものに対する理解の中に、見えていない大事なことがたくさんあるはずです。―

「おんだまつり」に込められた思い

また、当神社を有名たらしめている理由のひとつに、毎年2月に行われる天下の奇祭「おんだまつり」の存在がある。このお祭りも、始まりについて確かなことは分からない。しかし、ユーモアたっぷりに天狗とお多福が結婚式・夫婦和合を行う儀式は、多くの人々を笑顔にし続けている。ただ、いつ、なぜこのようなお祭りが催されるようになったのか。とても気になる所である。

提供：飛鳥京観光協会

天狗とお多福の他に、翁や牛も登場。祭り終了後、神社の外では先を細かく裂いた青竹を持った天狗たちが、参拝客のお尻を叩いて回る場面も。叩かれた人は厄除けのご利益を得るのだとか。

―確かなことはわかりませんが、おんだまつりに込められた人々の思いは、「五穀豊穣」と「子孫繁栄」という言葉に集約されています。昔の人は、たくさん食べられますように、たくさん子どもが生まれますようにと祈っていたわけですね。その「子ども」、今でこそどういう仕組みで生まれるのか、科学的にわかっていますが、当時は、どこからともなくやってくるとても神秘的なものだったはずです。ゼロからイチが生まれるわけですから。その子どもがやってくる神秘的な行為を、しかも人々がケラケラと笑うよう賑やかに、神様の前で行ったのは、隠れている神様が「賑やかさ」に惹かれて出てきてくれる、そんな風に考えたのではないかと、私は思っています。―

形として残るものが少ないために、しばしば、何もないと揶揄されることもある飛鳥。しかしその分、想像することで得られる、知れば知るほどおもしろい魅力で溢れている。あなたも、神々の気配を感じに、飛鳥を訪れてみてはいかがだろう？

境内のあちこちに男性器・女性器を象ったような陰陽石が置かれている。村内の家々で神籬（※ひもろぎ）にしていたものが持ち込まれたのだそう。全て自然石というから驚きだ。

※神をお迎えする時お宿りになられる場所

教えて村田先生！

まだ知らない奈良に出会う

はじめの一歩

風に吹かれ、空を見上げ、
感じるままに旅するのも楽しい奈良。
でも…ちょっとした歴史のエッセンスを知っておくと、
もっともっと奈良旅が楽しくなるかも！

イラスト：むかいあつこ

奈良は大仏や石舞台だけではありません。ほんの少しの想像力があなたの奈良を変えます。

村田右富実（むらたみぎふみ）
1962年生まれ、北海道小樽市出身。北海道大学大学院修了。現在、大阪府立大学教授。上代日本文学専攻。博士（文学）。主著『柿本人麻呂と和歌史』（上代文学会賞受賞）など多数。『マンガ遊訳日本を読もう わかる古事記』（西日本出版社）監修。

Q1 歴史は苦手。710年平城京遷都は知っているけれど、それより前のことはよくわからない…。

A いってしまえば、「日本」という国ができるまでです。

日本列島の歴史は、縄文時代（紀元前3世紀頃まで）～弥生時代（3世紀頃まで）～古墳時代（7世紀頃まで）～飛鳥時代（592～710年）～奈良時代（710～794年）と続いて行きます。奈良めぐりの中心となるのは、古墳時代から奈良時代です。

古墳時代の極《ごく》初期は卑弥呼の時代、箸墓《はしはか》は卑弥呼のお墓？　いやいや、そもそも邪馬台国は奈良県じゃない？　分からないことだらけの3世紀です。

5世紀は雄略天皇の時代です。実在が疑われない大王の最初が雄略です。桜井市の脇本遺跡が雄略の泊瀬朝倉宮《はつせのあさくらのみや》として有力です。といっても、今は小学校の敷地。でも、ここの景色を見ると、なるほど伊勢に抜ける谷筋の入り口、交通の要衝だったことがわかります。一番上に書いた「少しの想像力」ですね。そういう発見をすると、小学校が泊瀬朝倉宮に見えて... はきませんが、ワクワク感は十分に味わえます。

そして、6世紀の終わり頃、日本の中心地は飛鳥に移ります。この頃から古墳の技術は、どんどん進歩して、美しさが際立って行きます。一度建築家の方をお連れした時、「これが7世紀のモノ？　信じられない」と驚かれていました。どこの古墳か気になりますか。50ページの岩屋山古墳です。いつ行っても誰もいません。一度どうぞ。

そして、701年、自国を「日本」と漢字で記すようになり、710年に平城京に遷都します。奈良を知ることは日本の成り立ちを知ることなのです。

Q2 701年に「日本」って、それじゃ、その前は何だったの？

A 「やまと」です。

701年以降も「日本」は、「やまと」と読まれていました。なので、それ以前も「やまと」です。奈良時代を通して、この国は漢字でどう書こうが、「やまと」でした。ちなみに「日本」の2文字は中国では「ジツポン」といった音で読まれました。そうです。これがやがて「JAPAN」に成っていくのです。なので、「JAPAN」が、まだ「やまと」だった頃が、平城遷都以前ということになりますね。

Q3 「やまと」を体感できるところはあるの？

A ありますよっ。

この時代は豪族と天皇家との争いもたくさんありました。たとえば、日本史上、実在した最古の人物といわれる「葛城襲津彦《かづらきのそつびこ》」は、その名の通り葛城氏ですが、その葛城氏は5世紀に天皇家に滅ぼされてしまいます。この「襲津彦」のお墓ではないかといわれているのが「宮山古墳」。これも50ページにあります。上から盗掘孔のある石棺を見ると少しコワイかもしれませんが、思い切ってジャンプして下に降りると、1500年ジャンプできます。ただ、ここは蚊がすごいので、気をつけて。

さすがに蚊に刺されながらというのは... ということであれば、やはり飛鳥です。飛鳥の魅力は何といっても、その空間そのものにあります。明日香村は日本で唯一、村すべてが古都保存法の適用を受けていて、現状の変更が厳しく規制されています。村のかたがたには不便なことも多いのですが、いつ訪れても優しく我々を迎えてくれます。有名な観光地の木々や花が人に飼い慣らされてしまった美しさだとすると、飛鳥には、日本独自の穏やかな野生が豊かに残っています。明日香正宮（伝板蓋宮跡《でんいたぶきのみやあと》と記されていることが多い）の井戸跡に立って、香具山を眺めると、柔らかな明日香風《あすかかぜ》を肌で感じられるでしょう。

Q4 先生とっておきの場所を教えて！

A 吉野がおすすめです。

吉野というと桜！　というほど、桜が有名ですが、「やまと」の吉野は場所が違っています。吉野神宮の方に行かずに、吉野川沿いに車を走らせて行くと宮滝。ここここそ、古代の天皇の行幸地、吉野離宮跡です。さらに進むと、あきつの小野スポーツ公園。ここには蜻蛉《せいれい》の滝（51ページ）があります。高さ50メートルの滝を、一番上、中ほど、そして滝壺の3ヶ所から眺められます。全身にマイナスイオンを感じられますよ。

いまいち楽しみ方が分からない古墳めぐり
イメージ
古代人のお墓
森
ハニワ
古墳かぁ～
困ったな～
こんな時は…
助けて村田先生!
古墳歩きなら任せて下さい!
※懐中電灯と虫除けは必需品です
楽しみ方は人それぞれ歴史から入る人、古墳のカタチが好きな人、散歩コースとして楽しんでいる人もいます
今回は見て分かりやすい個性的な古墳を一緒にめぐりましょう!
ワクワク
お手柔らかにお願いします
岩屋山古墳《いわややまこふん》
石の見事な組み合わせと、仕上げの丁寧さが際立つ石室が特徴。7世紀前半～中頃の築造と考えられる。
●MAP:P40・A2 住所:高市郡明日香村大字越小字岩屋山516
中に入ることのできる古墳があるのをご存じですか?
住宅地にどーん
え?お墓なのに?
広～いっ!
ここの石室は明るくキレイで入りやすいです
岩がとても大きくて
触り心地が滑らかです!
季節のいい時は上に登って明日香村を眺めるもよし
登っていいんだ～
いいねぇ
古墳の中ってカラっぽなんですか?
ニッ
宮山古墳《みややまこふん》
5世紀前半の築造。当時の首長の墓(21ページ)と考えられる。出土品は橿原考古学研究所附属博物館に常設展示されている。
●MAP:P19・B3 住所:御所市室宮山335
石のお棺が残っています
うわ～飛び出てる!
それは縄をかけて動かすためのでっぱりですよ
ハニワもいろいろあるんだ
靫《ゆぎ》型のハニワ
※靫とは、背中に背負う矢入れのこと。
小谷古墳《こたにこふん》
墳丘が削られてしまい、巨石で造られた横穴式石室の入口が露出している。石室に入れないが、中には家形石棺が残る。
●MAP:P40・A2 住所:橿原市白橿町4・18
さっきと全然違う!
ここの石棺はこんな形
石棺もいろいろ

歴史に触れられるオススメの場所

二上山の石は古墳にも使われる。石好きにはたまらない？　二つの山頂の間に沈む夕陽は美しい。でも見られるのは年に二度だけ。

二上山博物館
万葉には「ふたがみやま」と称された二上山。千数百万年前は大噴火をした火山でもあり、火山活動による鉱物が文化を彩る資源となった。

MAP:P19-A1　住 香芝市藤山1-17-17（香芝市ふたかみ文化センター1F）　☎0745-77-1700　営 9:00～17:00（入館16:30まで）　休 月曜（祝日の場合はその翌日）・年末年始（12月28日～1月4日）　¥【個人】大人200円・学生150円・小人100円　P 有

オススメは山田寺の東回廊。倒れた形で発掘された回廊を保存処理後、立ち上げている。山田寺までは徒歩五分。現地も見てみよう。

飛鳥資料館
古代国家誕生の地、飛鳥の歴史と文化を紹介する施設。日本最初の水時計など多様な展示品で楽しめる。※詳細は42ページへ

MAP:P40-B1　住 高市郡明日香村奥山601　☎0744-54-3561　営 9:00～16:30（入館 16:00まで）　休 月曜（祝日の場合は翌平日）、12月26日～1月3日※ただし特別展開催中は無休　¥【個人】一般270円・大学生130円　P 有

訪れるなら紅葉の終わり頃。境内ばかりでなく、境内を流れる象川にも紅葉が散り敷く。川底まで赤く染まった景は秀逸。

桜木神社
万葉歌にある「象（きさ）の小川」のほとりに鎮まる社。壬申の乱の折、大海人皇子が大きな桜の木に身を隠し、難を逃れたという。

MAP:P53-B1　住 吉野郡吉野町喜佐谷　☎0746-39-9237（吉野町観光案内所）　P 有

雄略天皇行幸の折、虻が天皇の腕を噛み、逃走。蜻蛉（あきつ）がその虻を捕らえた。以来「あきつの」。信じるかどうかは貴方次第。

あきつの小野公園の蜻蛉の滝
高さ約50mの２段の滝。天気がよければ滝に虹がかかるので、この地域を「虹光（にじっこう）」ともいう。

MAP:P53-B2　住 川上村西河　P 有

牽牛子塚古墳《けんごしづかこふん》
「牽牛子（けんごし）」は朝顔のこと。二つの石室から成る八角墳。『日本書紀』には斉明天皇と娘の間人皇女を合葬した記事があり、斉明天皇陵と考えられている。
●MAP：P40・A2　住所：高市郡明日香村越
ここの石室には大きな特徴があります
2人用ですか！
そう珍しいんです
八角形
ここは葬られた人が判明した数少ない古墳です
新沢千塚古墳群《にいざわせんづかこふんぐん》
4世紀終わりから始まり、多くは5世紀後半から6世紀前半にかけて築造。総数約６００基からなる古墳群であり、散策できるように整備されている。
●MAP：P19・B2　住所：橿原市川西町
こんなところもありますよ！
!!
全部古墳!?
先生…なんか怖いです…
ずーん
ホラホラ
そうだった　お墓だった…
三陵墓古墳群《さんりょうぼこふんぐん》
東古墳、西古墳、南古墳の３つの古墳で構成される。２０１０年から毎年夏には「陵燈会（りょうとうえ）」が開催されている。
●MAP：P90・B3　住所：奈良市都祁南之庄町１５８１
星もキレイ
あらロマンチック
いろいろな古墳があるでしょ
まだまだ面白いところがいっぱいです
たくさんめぐってみて、あなた好みの古墳をぜひ探してみてください！
思ったより楽しかったです
ありがとうございました
古墳めぐりを楽しむには…体力と気力、そして想像力が必要なようです
あの…もうお腹いっぱいです
さ、次行くよ！
おわり♪

自然と人がともにある場所
吉野《よしの》・大峯《おおみね》

万葉集にも詠まれた青根ケ峰までが「吉野」、そこから南が「大峯」。

金峯山寺《きんぷせんじ》のおひざ元である吉野町吉野山や、行者さんを迎える天川《てんかわ》村洞川《どろがわ》などは、
吉野・大峯の自然と、それを敬う人々を結ぶ場所。

そんな背景からか風土の恵みを生かした食や体験型のアクティビティなど、土地に根差したものがいろいろとある。

信仰の地を拝して敬虔な気持ちを持つとともに、地元愛溢れる楽しいサービスやお店をぜひ訪ねたい。

磯崎典央（吉野スタイル）
吉野スタイル代表。吉野町生まれ、吉野町育ち、吉野町在住。地元を愛する人たちと協力して、観光ツアーやイベントを企画開催、定住情報などの発信も行っている。
吉野スタイル公式サイト
http://yoshinostyle.jp/

西久保智美
奈良南部の伝統や風景、人々の魅力を伝えるコミュニティライターとして活動。現在は「吉野大峯・高野観光圏」の事務局をサポートし、広域観光の広報、観光資源の掘り起こしなどに従事。本誌では吉野大峯エリアの天川村、十津川村エリアを担当。

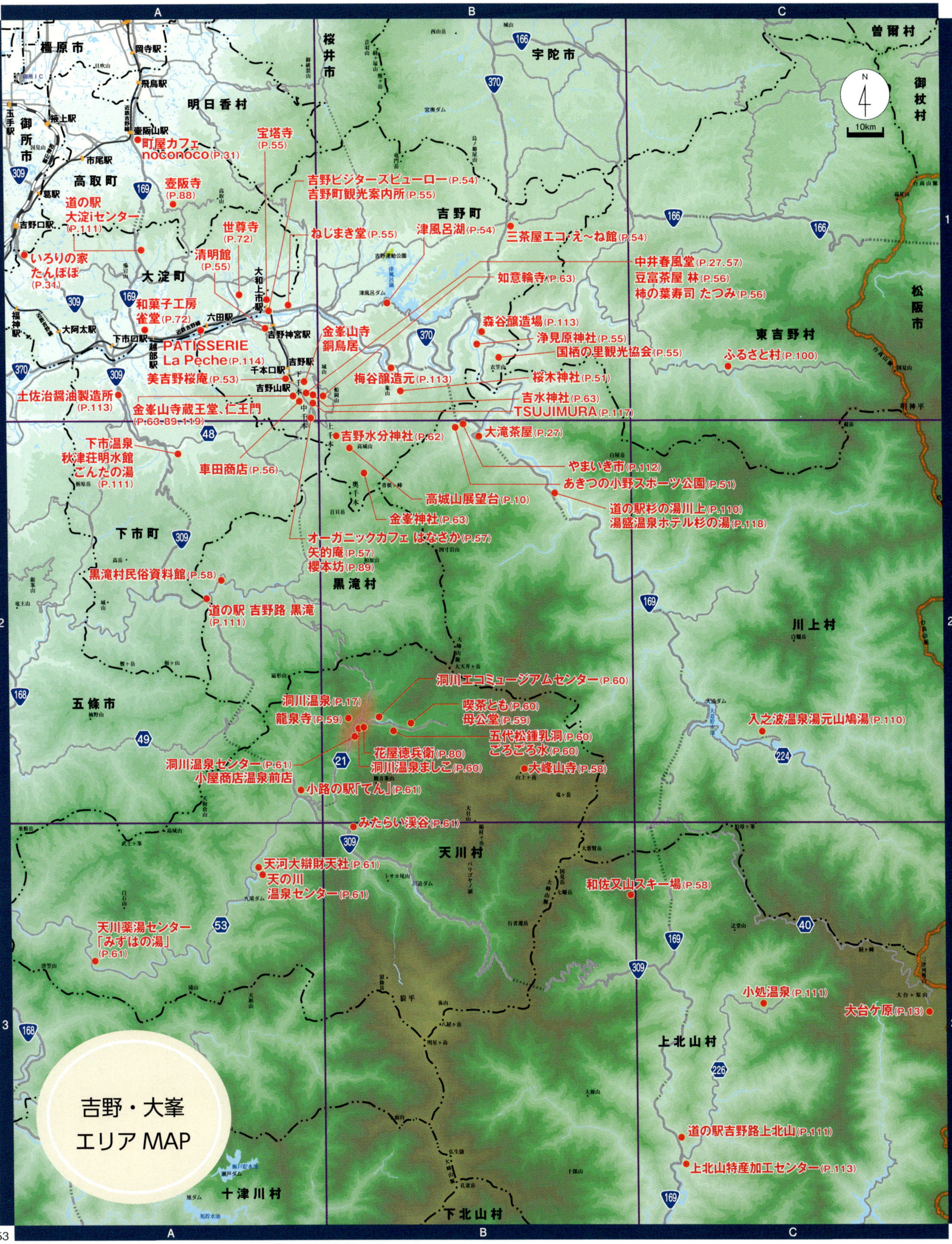
吉野・大峯
エリアMAP
橿原市
岡寺駅
飛鳥駅
明日香村
桜井市
宇陀市
曽爾村
御杖村
御所市
高取町
壺阪山駅
市尾駅
葛駅
吉野口駅
大淀町
六田駅
大和上市駅
吉野神宮駅
吉野駅
千本口駅
吉野山駅
下市口駅
越部駅
大阿太駅
福神駅
吉野町
東吉野村
松阪市
下市町
黒滝村
川上村
五條市
天川村
上北山村
十津川村
下北山村
町屋カフェ noconoco(P.31)
宝塔寺(P.55)
吉野ビジターズビューロー(P.54)
吉野町観光案内所(P.55)
壺阪寺(P.88)
道の駅 大淀iセンター(P.111)
世尊寺(P.72)
ねじまき堂(P.55)
津風呂湖(P.54)
三茶屋エコ・え～ね館(P.54)
いろりの家 たんぽぽ(P.31)
清明館(P.55)
中井春風堂(P.27.57)
豆富茶屋 林(P.56)
柿の葉寿司 たつみ(P.56)
如意輪寺(P.63)
和菓子工房 雀堂(P.72)
森谷醸造場(P.113)
金峯山寺 銅鳥居
浄見原神社(P.55)
PATISSERIE La Peche(P.114)
国栖の里観光協会(P.55)
ふるさと村(P.100)
美吉野桜庵(P.53)
梅谷醸造元(P.113)
桜木神社(P.51)
土佐治醤油製造所(P.113)
吉水神社(P.63)
金峯山寺蔵王堂、仁王門(P.63・89・119)
TSUJIMURA(P.117)
大滝茶屋(P.27)
吉野水分神社(P.62)
下市温泉 秋津荘明水館 ごんたの湯(P.111)
やまいき市(P.112)
車田商店(P.56)
あきつの小野スポーツ公園(P.51)
高城山展望台(P.10)
道の駅杉の湯川上(P.110)
湯盛温泉ホテル杉の湯(P.118)
金峯神社(P.63)
オーガニックカフェ はなさか(P.57)
矢的庵(P.57)
櫻本坊(P.89)
黒滝村民俗資料館(P.58)
道の駅 吉野路 黒滝(P.111)
洞川エコミュージアムセンター(P.60)
洞川温泉(P.17)
喫茶とも(P.60)
母公堂(P.59)
龍泉寺(P.59)
入之波温泉湯元山鳩湯(P.110)
五代松鍾乳洞(P.60)
ごろごろ水(P.60)
花屋徳兵衛(P.80)
洞川温泉センター(P.61)
小屋商店温泉前店
洞川温泉ましこ(P.60)
大峰山寺(P.58)
小路の駅「てん」(P.61)
みたらい渓谷(P.61)
天河大辯財天社(P.61)
天の川 温泉センター(P.61)
和佐又山スキー場(P.58)
天川薬湯センター「みずはの湯」(P.61)
小処温泉(P.111)
大台ケ原(P.13)
道の駅吉野路上北山(P.111)
上北山特産加工センター(P.113)
10km

吉野町

神話の時代にさかのぼるような名所旧跡、その土地ならではの伝統的な食べ物や、山や川といった自然を生かした体験講座。日本一の桜の名所・吉野の、もう一つの魅力たち。

体験する ワカサギ釣り

関西屈指のバスフィッシングポイントで、コイやヘラブナなど渋い釣りもできる津風呂湖。冬には、近年完成した「ドーム桟橋」で、寒風に吹きさらされずワカサギ釣りもできるように！ ヘラブナ・コイ・ワカサギの共通入漁券は日券1,000円、ドーム桟橋利用料は1,300円。

MAP:P53-B1
問い合わせ・申し込み ☎0746-32-2847（津風呂湖観光協会）
住吉野郡吉野町河原屋 849　http://tuburoko.jp/

津風呂湖《つぶろこ》でワカサギ釣りに森林セラピー

貸しボートや遊覧船、足漕ぎボートもあり、海のない奈良県で貴重な水辺アウトドアを楽しめる津風呂湖。地元のガイドさんに案内されながら、湖周辺をゆったりウォーキングする森林セラピーも人気だ。

体験する 森林セラピー

森の香り、水辺のきらめきに心身リフレッシュできる森林セラピー。コースが整備され個人でも歩けるが、吉野の森を良く知るガイドさん付きで、飛鳥・奈良時代の人々が吉野を巡った道や、津風呂湖畔や滝の景色をどっぷり楽しむのがおすすめ。吉野の美しい林の中でハンモックに揺られるのも最高に気持ちいい！

MAP:P53-A1
問い合わせ・申し込み（一般社団法人　吉野ビジターズビューロー）therapy@yoshino-kankou.jp
☎0746-34-2522　住吉野郡吉野町上市2060-1　営9:00〜17:00
休土・日曜休（土・日曜の問い合わせは吉野町観光案内所0746-39-9237）　http://yoshino-kankou.jp/

体験する 三茶屋エコ・え〜ね館

エコエネルギーを推進、活用する地域団体が運営する多目的施設。カフェスペースで日替わりランチがいただけたり、地域の特産品を選べたり。毎週土日は地元のグループ「活き活き町づくり燦・産・参」による青空市、毎月第3日曜日は三茶屋フリマなどが開催され、地元住民の皆さんと観光の方々の交流も。

サンドイッチ500円

MAP:P53-B1
☎0746-39-9167　住吉野郡吉野町三茶屋328- 1
営カフェ10:00〜17:00　休月曜休
http://yoshinohepg.jimdo.com/

吉野町の麓《ふもと》のまちと山のまちを結ぶのは現存する日本最古のロープウェイ

昭和4（1929）年に開業した吉野ケーブル。当時の運賃は片道15銭。千本口駅から吉野山まで約350メートルの空中旅行を楽しめるようになって約80年。当初は霊場・大峯山までケーブルを通そうという計画だったというのにはビックリ！ ロープウェイから吉野の風景を眺める体験はぜひ一度。車窓にせまる満開の桜、新緑、紅葉、雪景色。開通当時の姿を残す設備も旅情をかきたてる。

レトロ乗り物好きさんには、もう一つおすすめのものが。昭和3（1928）年に完成した吉野川橋梁がそれ。こちらは近鉄吉野線の大和上市駅と吉野山麓間のルート上にあり、頑強で昔懐かしい魅力的な風景を作っている。夜、電車が走る様子はまるで銀河鉄道だ。

吉野山にこんな場所も

大海人皇子《おおあまのおうじ》ゆかりの地川畔の紙漉きの里・国栖《くず》

「大海人皇子（後の天武天皇）が国栖の里人に紙漉きと養蚕を教えたのが始まり」という伝説を持つ国栖の手漉き和紙。今も昔ながらに紙を漉く家が残る国栖地区には、天武天皇を祀る古社・浄見原神社が。

知る
浄見原神社《きよみはらじんじゃ》

天皇渕と呼ばれる川の深みを眼下に見下ろす和田岩窟に鎮座する浄見原神社。天武天皇を祀る古社で、毎年旧正月14日に「国栖奏」（県・無形文化財）という神事舞が奉納されるときは立錐の余地もないほど参拝者が訪れる。「応神天皇に醴酒《こさけ》を捧げて歌笛を奏した」ことに由来すると伝わる「国栖奏」は、地域の人々により守り伝えられ続けている。

MAP:P53-B1
☎無　問い合わせは0746-39-9237（吉野町観光案内所）
住吉野郡吉野町南国栖1

体験する
紙漉き体験

吉野町国栖地区に伝わる伝統産業・吉野手漉き和紙。この紙作りを伝えたのは古代のスーパースター大海人皇子だとも。国栖では、この古い歴史を持つ吉野手漉き和紙の紙漉き体験ができる。花びらや紅葉などを漉き込んだ自分だけの手漉き和紙。伝統的な手仕事で生み出される柔らかく丈夫な質感に触れよう。

MAP:P53-B1
問い合わせ・申し込み　☎0746-36-6838（国栖の里観光協会）
住吉野郡吉野町国栖100　営9:00～17:00　http://www.kuzunosato.jp/

古い街道筋に貯木場《ちょぼくじょう》上市《かみいち》の趣ある風景

古建築や石垣が残る風情ある町並み。1928年に完成した吉野川をまたぐ鉄橋。製材所が軒を連ねる貯木地区。いくつかの時代のレトロな表情を残す上市地区だが、思いがけず新しい試みもあって要注目エリアに！？

知る・買う
清明館《せいめいかん》

吉野神宮駅近くの観光インフォメーションセンター。各種ツアーの案内のほか、展示スペースにはセレクトされた県内の工芸品が並び、その場で購入できたり、窓口を紹介してもらえたり。吉野生まれの「これぞ！」な品々ももちろん揃えられている。ちなみに吉野神宮駅には吉野材を使ったベンチが置かれ、駅に降り立つと木の香りが。

MAP:P53-A1
☎0746-39-0010（吉野・旅ともツアーズ）
住吉野郡吉野町丹治207-1　営9:00～18:00（吉野山花見の時期は10:00～21:00）休不定休　P有

知る・買う
ねじまき堂《ねじまきどう》

「吉野町をゆるく楽しく勝手に応援する」二人組・ねじまき堂の基地。オリジナルグッズを制作販売したり、町を楽しむイベントを企画したり。長らく空き家だった古い薬局が、入れ代わり立ち代わりご近所さんが訪ねてくる町のホットスポットになっている。「どんな面白いことある？」を探りに行きたい場所。

MAP:P53-A1
☎無　住吉野郡吉野町大字上市170旧高木薬局
営不定期開店（ブログで確認を）
http://go2yoshino.exblog.jp/

知る・買う
吉野町観光案内所

吉野町めぐりの情報はまずココで

大和上市駅前《やまとかみいちえきまえ》にある観光案内所。吉野町の観光情報を聞いたり、おみやげを買ったりもできる。比較的なだらかなルートで行ける（※交通量はあるので要注意）津風呂湖や国栖方面へはレンタサイクルで足を伸ばす観光客が増えているそう。清潔なトイレが設置されているのもありがたい観光ポータル施設。

MAP:P53-A1
吉野町観光案内所
☎0746-39-9237　住吉野郡吉野町上市2060-1
営9:00～17:00（3～10月は18:00まで）
休水曜休（水曜が祝日の場合は木曜）　http://yoshino-kankou.jp/

体験する
宝塔寺《ほうとうじ》

大和上市駅から坂道を上った先にある宝塔寺で1日体験できる「山寺リ・ラ・クin宝塔寺」。ご住職の包癒経、ヨガのレッスン、マクロビオティックランチというプログラムだ。参加費は10,000円。境内から眺める吉野川と鉄橋を走る電車、その向こうの吉野山という光景はここならではのグッとくる眺め。

MAP:P53-A1
☎0746-32-5055　住吉野郡吉野町大字上市1945　営開門は9:00～17:00　http://houtouji.com/

吉野山

吉野山の桜は別格だ。山裾から順々に花が咲き上る約１ヶ月の見事さといったら。
でも実は新緑、紅葉、雪景色の吉野山もまたしみじみ美しい。つまりいつ訪ねても良いのである。

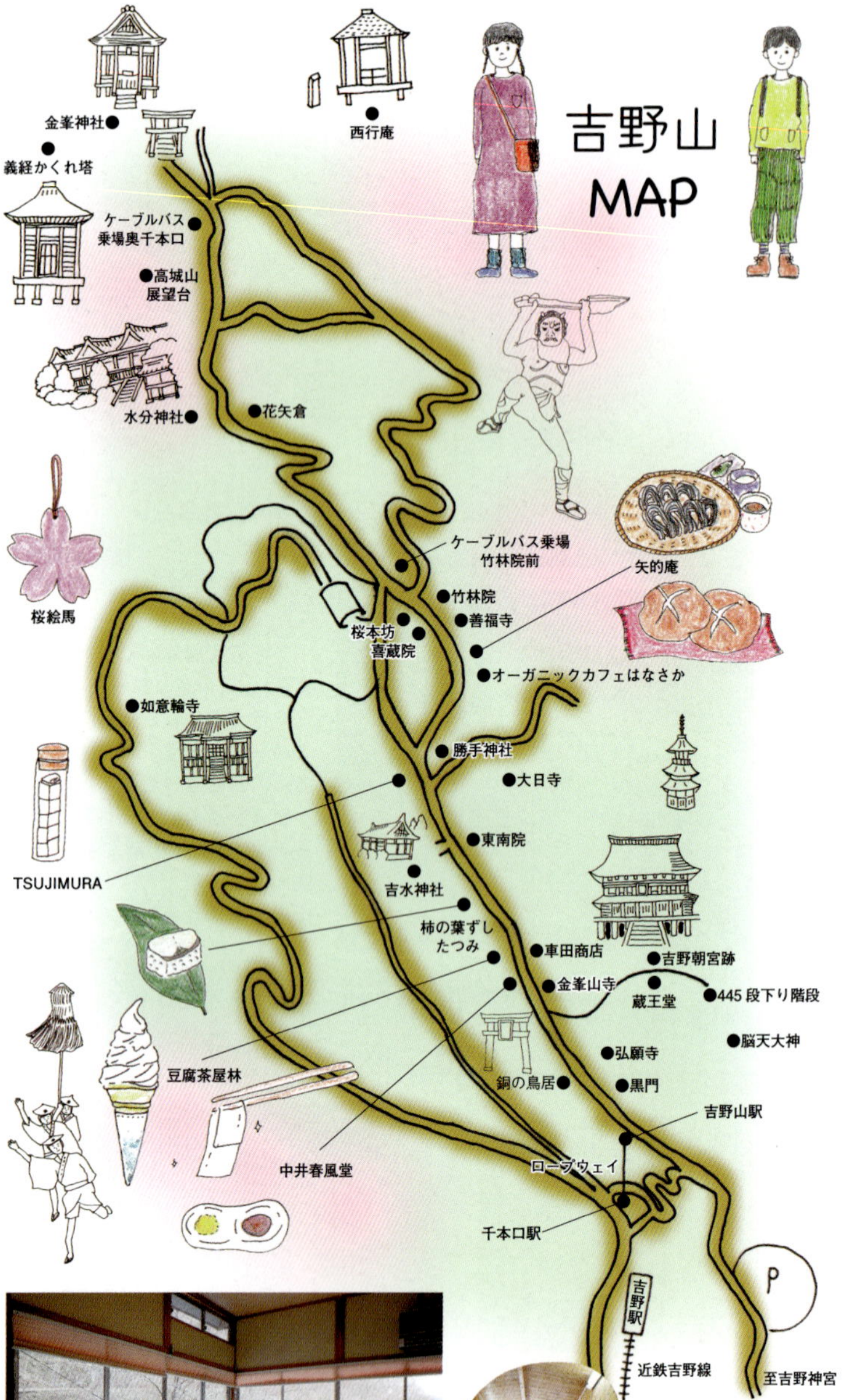

吉野山 食いしん坊案内

金峯山寺の門前町として店が連なる吉野山の参道。吉野和紙や民芸品のお店、そして食欲をくすぐるあんな店やこんな店が…！

田舎あげ270円（3枚入）
ざるとうふ380円

ふわふわもちもち
豆富ドーナツ3個入320円

できたてプルプルざる豆腐

豆富茶屋《とうふちゃや》 林《はやし》

選び抜かれた豆で作る「吉野ざるとうふ」は大豆の甘味が凝縮された一品。1枚ずつ手揚げする「田舎あげ」のふっくら感も凄い。「フライパンで油を敷かずに炒め、鰹節とネギ、ショウガ、お醤油を垂らすとおいしいですよ」というお話にお腹がグー！イートインスペースでのランチ＆カフェメニューも充実している。

MAP:P53-A1
住 吉野郡吉野町吉野山551　☎ 0746-32-5681　営 9:00〜16:00
休 火曜休（4・11月は無休）　P 無

吉野山の桜の名所「七曲坂《ななまがりざか》」を望む隠れ宿

美吉野桜庵《みよしのさくらあん》

吉野国立公園の中にある「美吉野桜庵」。吉野山ロープウェイの乗り場からほど近いが、驚くほどひっそりと静か。和モダンスタイルにリノベーションされた部屋で、落ち着いた優しい時間を過ごせる宿だ。さすが吉野といった感のヒノキ風呂も清々しく、地元の人が「友人が泊まりに来るときはここをすすめる」という声に納得。

MAP:P53-A1
住 吉野郡吉野町吉野山330　☎ 0746-32-2111　P 5〜6台　http://miyoshino-sakuraan.com/
大人ひとり10,800円（1泊2食付）　2名9,720円〜12,960円（1泊2食付）
春は素泊まりのみ（大人ひとり8,640円〜）

手際のよさにみとれてしまう！

その場で手包み、手押しの郷土食

柿の葉すし《かきのはすし》 たつみ《たつみ》

注文するとその場で握って押して作ってくれるのが嬉しい柿の葉すし専門店。さけ・さば半々10個入り（1,400円）、さばだけ7個（950円）、あるいはさば・さけミックスで7個入り（1,000円）など。お寿司を包む柿の葉が、時期によって瑞々しい新葉だったり、紅葉した赤い葉だったりと、季節を感じさせてくれる。

MAP:P53-A1
住 吉野郡吉野町吉野山559-3　☎ 0746-32-1056
営 9:00〜17:00（観桜期は8:30〜18:00）　休 不定休　P 無
http://www.tatsumi-yoshino.jp/

修験者の法衣、法具を扱う老舗

車田商店《くるまだしょうてん》

修験の山・吉野山で、修験者の法衣、法具を取り扱う。パッと目に入ってくるのは法螺《ほら》。かなりの重量感だ。まん丸く手作業で切りそろえられた梵天がついた結袈裟《ゆいげさ》や、錫杖《しゃくじょう》（ジャリンジャリンと音がなる杖）などは「仏様の教えを象徴するものであり、実用性を考えた古来からの登山道具なんですね」。

MAP:P53-A1
住 吉野郡吉野町吉野山2424　☎0746-32-3041　営8:30〜17:30
休 不定休　P 有　http://www.yamabushi-kurumada.com/

ご主人が吹くほら貝の音に感激！

吉野本葛の神髄に触れる
大人の教室に興味津々

蔵王堂門前で本物の吉野本葛に出合う

中井春風堂《なかいしゅんぷうどう》

店先で実演される葛切り作り。その見事な手際と、出来上がった葛の驚くような透明感に見物客から歓声が。イートインできるスペースも設けられ（ここからの吉野山の風景にもうっとり）、ゆったりと葛を堪能することができる。さらに深く吉野本葛の魅力を知りたくなったら「葛会《くずかい》」に参加してみよう。「葛の味わい、体に良い食材であること、使い方など知ってもらえたら。お客さまに喜んでいただくのが僕の喜び、楽しくできたらいいなと」と亭主の中井さんが葛について惜しみなく教えてくれる特別な教室だ。参加費はひとり3,500円、4〜6名での予約制となっている。

MAP:P53-A1
住 吉野郡吉野町吉野山545　☎0746-32-3043
営10:00〜17:00（L.O16：30）
休 水曜休（冬季は土・日曜のみ営業）　P 有
http://nakasyun.com

長岡式酵素玄米マクロビランチ1,800円

赤い屋根と煙突が目印

古民家で戸隠仕込みのそばを

矢的庵《やまとあん》

吉野山上千本の風情ある店構え。信州安曇野産・蓼科高原産の石臼挽きした粉と吉野山の名水を使って手捏ね手打ちするそばをいただける。一度試してみてほしいのが仁王そば（1,200円）。お餅の天ぷらが載ったそばで、この餅の油とそばが合う！揚げたてのさくっとした瞬間も良いし、ダシが餅にしみたのもまたいける。

MAP:P53-A1
住 吉野郡吉野山3396　☎090-2478-5834
営11:00〜17:00（時期により変更あり、またなくなり次第終了の場合あり）　休 不定休　P 1台
http://www.shokokai.or.jp/29/294411S005/

からだにやさしい
スムージー700円〜

ランチの主役は酵素玄米のごはん！

オーガニックカフェ《おーがにっくかふぇ》はなさか《はなさか》

築140年経つ古民家を店主自身がリノベーション。この素敵空間でいただけるのは、卵・牛乳・バターなどの動物性食材や白砂糖は一切使用せず、酵母・粉・油・調味料などすべてがオーガニック素材というお食事やパン。つやつやしたごはんにイキイキしたお野菜料理のおいしいさ健やかさ、からだが喜ぶお料理だ。

MAP:P53-A1
住 吉野郡吉野町吉野山559-31
☎0746-32-1162
営 11:00〜17:00
休 不定休　P 1台
http://www.cafe-hanasaka.com/

奥吉野ダイジェスト

奈良南部の深みにはまる予感を感じたあなたに
奥吉野の村々の魅力の一端をチラ見せ。

上北山村《かみきたやまむら》

大台ケ原と信仰の道・大峯奥駈道《おおみねおくがけみち》を抱える上北山村。アウトドアスポーツを楽しめる場所でもある。毎夏開催の自転車レース「ヒルクライム大台ケ原」では実に標高差1240mを駆け抜ける。冬は奈良県内に2つあるうちの1つ和佐又山スキー場でスキーも（もう一か所は天川村の洞川スキー場）。「八日薬師（弓矢祭）」や宝泉寺に伝わる梵鐘《ぼんしょう》（いずれも県指定文化財）など村固有の伝統も興味深い。

MAP:P53-B3
和佐又山でスキーより気軽に雪を楽しめるスノーシューを体験！

下北山村《しもきたやまむら》

三重県、和歌山県と接し、桜の名所としても名を馳せ温和な雰囲気を持つ奈良県南部の村。一方で修験道と深い関わりを持つ厳しい山岳地でもある。下北山村には大峯奥駈道のルート上の中間地点となる「深仙の宿《じんせんのしゅく》」や「釈迦ヶ岳」（十津川村との村境）などが計25ヶ所の「靡《なびき》」がある。また役行者が開いたとされる「池神社」や、「前鬼・不動七重の滝」といった秘密の行場であったとされる地も。

MAP:P65-C2
役行者ゆかりの池神社。多くの伝説を持つ明神池畔に建っている。

黒滝村《くろたきむら》

奈良県のちょうど中央あたりに位置するということで、村のキャッチフレーズは「奈良のへそ」。飛鳥時代に天皇の命により役行者が開いたとされる鳳閣寺や、修験道の中興の祖理源大師《りげんだいし》の御廟である理源大師廟塔（国重要文化財）などが残されている。県の指定文化財となっている元黒滝村旧役場庁舎（現在は、黒滝村民俗資料館として活用中）のモダンさも必見。

MAP:P53-A2
明治43年築の元役場庁舎。現在は黒滝村民俗資料館として活用。

黒滝村の
ゆるキャラ
「くろたん」。
働き者です！

野迫川村《のせがわむら》

和歌山県高野山にほど近い野迫川村。奈良県屈指の山村だが、村内にある日本三荒神《こうじん》の一つ、立里《たてり》荒神社《こうじんじゃ》には参拝者が絶えない。また雲海や天体観測のスポットしても知られている（立里荒神社からも雲海と日の出の光景を望むことができる）。最近は野迫川村産の「高野槇《こうやまき》」を売り出し中。生き生きと緑の持ちが良く、生け花やリースの素材に最適な「のせ川のまき」として評価を高めている。

MAP:P65-A1
弘法大師空海が勧請したと伝わる荒神社。雲海スポットでもある。

野迫川村の
ゆるキャラ
「これもりくん」と
「つる姫ちゃん」。

やまからな

野迫川村の特産品を中心に、十津川村や上北山村の奈良県南部の品々を並べたセレクトショップ「やまからな」が奈良市の中心部にオープン。野迫川村産高野槇を挿し木栽培した「のせ川のまき挿し木」や地元小学生が作ったおみやげ品などが並んでいるよ。

MAP:P7
住 奈良市餅飯殿12夢キューブ
☎ 070-5650-5578
営 月～水曜10:00～18:00、金～日曜10:00～19:00
休 木曜休
http://yamakarana.com/

tenkawamura 大峯山麓の山里 天川村

山上の蔵王堂
大峰山寺《おおみねさんじ》

5月3日の戸開式から9月23日の戸閉式まで本堂の扉を開ける修験道の寺院。役行者開祖で蔵王権現《ざおうごんげん》を祀り、吉野山にある金峯山寺本堂（蔵王堂《ざおうどう》）を「山下の蔵王堂」と呼ぶのに対し、大峰山寺本堂は「山上の蔵王堂」とされる。本堂の建つ山上ケ岳山頂へは麓《ふもと》の洞川《どろがわ》から登山して参拝することになるが「女人結界門」から先は女人禁制。

MAP:P53-B2
住 吉野郡天川村大峯山山上ケ岳山頂付近
☎ 0747-63-0999（天川村総合案内所）
P 登山口（清浄大橋）に有（有料）

役行者の母ゆかりのお堂
母公堂《ははこどう》

役行者の母、渡都岐白専女《とつきしらとうめ》ゆかりのお堂。厳しい山岳修行を行う役行者の身を案じ、葛城山の麓の茅原《ちはら》（現在の御所市）から洞川まで来たものの、一匹の大蛇に行く手を阻まれた母を心配し、庵を建てたのが始まり。命の危険も省みずに心配して追いかけてくる母のために「女人入山禁止の結界門」を建て、お堂が建てられた。

MAP:P53-B2
住 吉野郡天川村洞川
☎ 0747-63-0999（天川村総合案内所）
営 9:00～17:00　※冬季閉鎖　P 5台

MAP:P53-B2
住 吉野郡天川村洞川494
☎ 0747-64-0001
営 拝観自由　P 20台

大峯山中第一の水行場　龍泉寺《りゅうせんじ》

今から1300年の昔、大峯の山々を修行していた役行者が麓の洞川で湧き出る泉を発見し、泉の側に八大龍王を祀ったのが始まりと伝わる真言宗醍醐派の大本山。境内にある「龍の口」より湧き出る水は、修験者の清めの水として大峯山中第一の水行場となり、ここで身を清めてから山上ケ岳へ向かい、下山後再びここへ参拝する。

標高約820mにある洞川温泉街《どろがわおんせんがい》は、修験道《しゅげんどう》の聖地、大峯山山上ケ岳の門前町として縁側のある旅館や民宿などが並ぶレトロな雰囲気の街。修験道の開祖・役行者の弟子の後鬼《ごき》の子孫の里ともいわれており、街のあちこちには、かわいい後鬼の石像も。提灯に火が入る夜になると、幻想的で、まるで別世界に迷い込んだ感じ。

面不動鍾乳洞《めんふどうしょうにゅうどう》行の
モノレールはこちら！

モノレールでゴー
五代松鍾乳洞《ごよまつしょうにゅうどう》

鍾乳石や石柱などが淡く照らされた神秘的な洞内は、起伏があり、なかなかの探検気分を味わえる。

テーマは自然・水・修験道
洞川エコミュージアムセンター

大峯山系の自然を生かした博物館。天川村の四季や大峯修験道の行場である西の覗きが体験できる映像コーナーなども。

MAP:P53-B2
住 吉野郡天川村洞川784-32　☎0747-64-0999
営 10:00〜18:00　¥ 無料
休 水曜休（祝日の場合は営業、翌日休み）、12月1日〜3月31日休館　P 13台

日本一有名な名水かも！
ごろごろ水

五代松鍾乳洞付近の湧水。洞窟の中から流れ出る水の音が洞内を反響する様子から、ごろごろ水と呼ぶようになったとか。

ペットボトル
350円（税別）

MAP:P53-B2
住 吉野郡天川村洞川686-139　☎0747-64-0188（ごろごろ茶屋）
営 9:00〜18:00（7/20〜8/31は8:00〜）※時間外は採水不可
¥ 施設利用料500円　休 年末年始　P 有

MAP:P53-B2
住 吉野郡天川村大字洞川　☎0747-64-0188（ごろごろ茶屋）　営 9:30〜15:30
¥ 入洞料（大人）400円※モノレールのぼり300円、くだり200円
休 水曜休　冬季（12月1日〜3月上旬）休業、雨天・荒天時は臨時休業　P 有（有料）

名水を使った サイフォンコーヒー
喫茶とも《きっさとも》

洞川温泉街のまんなかにある喫茶店。昭和53年に創業。おすすめは、名水「ごろごろ水」を使って入れるサイフォンコーヒー。もちろん豆にもこだわり、その時々に合ったブレンドを提供してきた。またインドネシアのスラウェシ島で収穫された希少な豆で点てる「カロシトラジャ（480円）」は、香りコクともに最高級で、まぼろしのコーヒーといわれている。

MAP:P53-B2
住 吉野郡天川村洞川226-2　☎0747-64-0452　営 9:00〜18:00
休 不定休（12月中旬〜4月中旬は休み）　P 無

果実の旨味が詰まった逸品
ジャム工房《じゃむこうぼう》　洞川温泉ましこ《どろがわおんせんましこ》

洞川温泉街に佇む自家製ジャムの小さなお店。店主が手間ひまをかけ、吉野・五條地域の旬の果物を使ったジャム（500円〜）を作っている。奈良県産の素材にこだわり、ペクチンや保存料、着色料などの添加物は使用せず、果実そのものの旨味がぎゅっと詰まった逸品。お土産だけでなく、自分使いにもぜひどうぞ。

MAP:P53-B2
住 吉野郡天川村洞川184　☎0747-64-0026　営 9:00〜18:00
休 不定休　P 6台　http://masiko.ocnk.net/

名水ごまどうふ
（4切）850円

名水を使ったごまどうふ
小屋商店 温泉前店《こやしょうてんおんせんまえてん》

昔ながらの自家製法で作られる「名水ごまどうふ」は、風味が豊かで、口当たりもなめらか。そのおいしさの秘訣は、名水百選にも選ばれた天川村の「泉の森」の天然水をベースに、厳選した国産のゴマと吉野本葛を100%使って、ひとつずつ手作りしているから。まるで口の中でとろけるような味わいは、地元の人たちの間でも人気、お土産としておすすめ。

MAP:P53-B2
住 吉野郡天川村洞川21-3　☎0747-64-0266　営 9:00〜19:00
休 水曜休　P 無　http://www.meisui-gomadoufu.com/

tenkawamura 美しい自然に温泉

ぶらり気ままに温泉充 村内3つの立ち寄り湯

つるつるお肌になる美人の湯
天の川温泉センター《てんのかわおんせんせんたー》

天河大辨財天社の近くにあり、浴槽には高野槇、建物には楓や杉、桧などをふんだんに使った、木の香り漂う温泉施設。ナトリウムを多く含む泉質。

MAP:P53-A3
住 吉野郡天川村坪内232 ☎ 0747-63-0333
営 11:00～20:00（受付は終了30分前まで）
休 火曜休（祝日の場合は翌日）、12月29日～1月1日
¥ 大人600円・小人200円 P 70台（有料）

レトロな温泉街で日帰り入浴
洞川温泉センター《どろがわおんせんせんたー》

洞川温泉街の入り口にある日帰り入浴施設。刺激が少ないため、幼児からお年寄りまでゆっくり入浴することができる。大峯山を登る人たちに利用されている。

MAP:P53-B2
住 吉野郡天川村洞川13-1 ☎ 0747-64-0800
営 11:00～20:00（受付は終了30分前まで）
休 水曜休（祝日の場合は翌日）、12月29日～1月1日
¥ 大人600円・小人200円 P 35台（有料）

薬草風呂でほっこり
天川薬湯センター《てんかわやくとうせんたー》「みずはの湯《みずはのゆ》」

天の川沿いの西部地区にあり、生薬の「トウキ」などを使った薬草露天風呂が有名。「トウキ」には血のめぐりを良くする効能があり、身体の芯まで温めるので、冷え症や肩凝りの人におすすめ。また露天風呂からは清流と滝が見え、美しい風景に思わず、心もほっこりしてしまう。ハーブサウナとともに、心身のデトックスをしてみてはいかが。

MAP:P53-A3
住 吉野郡天川村山西298 ☎ 0747-65-0333
営 11:00～20:00（受付は終了30分前まで）7/20～8/31までは12:00～22:00
休 木曜休、12月から2月の期間は土・日・祝日のみ営業
¥ 大人600円・小人200円 P 20台

関西随一の景勝地
みたらい渓谷《みたらいけいこく》

滴るような新緑あるいは鮮やかに紅葉した木々、荒々しい巨大な岩、エメラルドグリーンの清流、清冽な滝。自然が織りなす風景が多くの人を魅了している。「みたらい」の名は南朝の帝がこの地でミソギ（御手洗）をしたことからとも。渓谷沿いに遊歩道が整備され、天川川合から洞川温泉までは2時間～2時間半ほどのハイキングコース。

MAP:P53-A2
住 吉野郡天川村北角
☎ 0747-63-0999（天川村総合案内所） P 13台（有料）
散策自由

芸能の神様としても有名
天河大辨財天社《てんかわだいべんざいてんしゃ》

修験道の開祖・役行者が大峯山の弥山で修行中、最初に出現した辨財天を祀ったのが始まり。御祭神は市杵島姫命《いちきしまひめのみこと》、熊野坐大神《くまのにいますおおかみ》、吉野坐大神《よしのにいますおおかみ》で、神仏習合の形態を今に残す。また空海は神社での参籠や大峯山中の修行によって、真言密教の神髄を表す「阿字観《あじかん》」を完成したと伝えられる。能楽にもゆかりがあり、芸能の神様としても全国的に有名。

MAP:P53-A3
住 吉野郡天川村坪内107 ☎ 0747-63-0558
営 拝観自由（社務所は7:00～17:00） P 20台

巡礼者が歩いた
すずかけの道《すずかけのみち》

修験者や巡礼者が高野山と大峯山を行き来した道が「すずかけの道」。鈴懸《すずかけ》とは修験道の法衣のこと。弘法大師が高野山を開く前は、天河大辨財天社が主な修行の場だったと伝わる。街道沿いには弘法大師にまつわるさまざまな伝説が。

すずかけの道にある来迎院。

お休み処もおみやげものの楽しさもぴかいちです！

体が喜ぶランチやスイーツが楽しめる
Oh！ Tree《おおとり》

天河大辨財天社近くのログハウスのカフェ。京都の有名料亭出身のシェフは、オーストラリアでも6年間、日本食の店をしていたという。ここでは自家製や天川産などの野菜を使った日替わりランチ（1,000円前後）やうどん、手ごねパン、手作りスイーツなどが味わえる。味噌や梅干し、まめ茶もすべて手作り。自家焙煎のコーヒー（500円）は香り高く深い味わい。

MAP:P53・A3
住 吉野郡天川村坪内240-1 ☎ 090-4949-4124
営 10:00～17:00（LO16:30）
休 火・金曜休 P 有

エッセンシャルオイル
890円～

天川村ふれあい直売所
小路の駅《こみちのえき》「てん《てん》」

村のほぼ中央にある直売所には、採れたての新鮮野菜や、天川村おみやげ大賞に入賞した商品が並ぶ。おすすめは「天川アロマ 杣（そま）」のエッセンシャルオイル。天川の風景をイメージしながら、吉野檜のエッセンシャルオイルをベースに調香されたもの。また店頭では、天川産のジャガイモとお米を潰して丸めた郷土料理「いもぼた（100円）」が人気。

MAP:P53-A2
住 吉野郡天川村川合120 ☎ 0747-63-0588（営業日のみ）
営 4月～11月10:00～17:00、12月～3月10:00～16:00
休 4月～11月は木・金曜休、12月～3月は平日休
12月中旬から1月中旬は冬季休業
P 有

世界遺産「紀伊山地の霊場と参詣道」登録から10年を経て

信仰の道が行き交う 吉野・大峯

奈良県の山岳地帯は信仰の地として長い歴史を刻む。和歌山県・三重県・奈良県にまたがる3つの霊場（吉野・大峯、熊野三山、高野山）と参詣道（大峯奥駈道、熊野参詣道、高野山石道など）が「紀伊山地の霊場と参詣道」として世界遺産登録されたのは２００４年。この10年、役行者を開基とする修験道の聖地を、さまざまな国や世代の人が参拝した。

もう一つの信仰の道である吉野・大峯と高野山を結ぶ「高野大峯街道（すずかけの道）」にも注目が集まっている。弘法大師空海が、修行のため高野山と大峯山を往来した道の一つと伝えられ、昭和のはじめごろまで多くの巡礼者が行き交ったそう。沿道には寺院や仏像、自然、弘法大師にまつわる伝説が残る。

吉野・大峯を縦走する「紀伊山地の霊場と参詣道」と、吉野・大峯から高野山へと横断する「すずかけの道」。信仰心を礎《いしずえ》にする道と、その道に寄り添って根付く生活や文化を大切にしたい。

吉野山《よしのやま》 MAP:P53-A1・2、B1・2

吉野川南岸から青根ケ峰までの山稜。日本屈指の桜の名所。

吉野水分神社《よしのみくまりじんじゃ》 MAP:P53-B2

大和国四所水分社の一つ。子授けの神としても信仰を集める。

小辺路《こへち》って？

真言密教の総本山・高野山と、熊野本宮大社を結ぶ参詣道。1,000m超えの峠を３つ超える険峻な山岳ルートで、全長約70kmの道中に昔ながらの生活様式を保つ集落や石畳の道、苔むした石仏などが点在。地元をよく知る語り部と歩けば、より深く地域の歴史や文化に触れられる。難関ゆえに踏破には綿密な計画と準備を忘れずに。この写真の場所は、そうした小辺路を行く人々をもてなした十津川村果無集落。

吉野・大峯エリアの世界遺産資産群

金峯山寺銅の鳥居《きんぷせんじかねのとりい》 MAP:P53-A1

正式には発心門《ほっしんもん》。行者が辿る山上ヶ岳までの四門の最初の門。

金峯山寺《きんぷせんじ》 MAP:P53-A1

役行者開基と伝わる修験道の本山。本尊は金剛蔵王権現。

吉水神社《よしみずじんじゃ》 MAP:P53-A1

元は吉水院といい修験宗の宿坊だった。明治に吉水神社と改められた。

玉置神社《たまきじんじゃ》 MAP:P65-B2

霊峰玉置山に鎮座する古社。境内に生きる巨樹にも圧倒される。

大峰山寺《おおみねさんじ》 MAP:P53-B2

役行者が開いた寺院。大峯奥駈67番靡「山上ケ岳」の山頂付近に建つ。女人禁制。

金峯山寺仁王門《きんぷせんじにおうもん》 MAP:P53-A1

逆峯入りする信者を迎えるため北向きに建っている。

金峯神社《きんぷじんじゃ》 MAP:P53-B2

奥千本にある神社で修験の行場。青根ケ峰のそばに位置する。

逆峯《ぎゃくふ》って？

修験者が、熊野から入り吉野へ向かうのが「順峯《じゅんぶ》」、吉野から入り熊野に向かうのが「逆峯」。

大峯奥駈道《おおみねおくがけみち》って？

修験道の開祖、役行者によって開かれた吉野山と熊野を結ぶ全長約170kmの修験の道。山上ケ岳、弥山、八経ケ岳、釈迦ケ岳など標高2,000mに近い山の尾根を歩き、靡と呼ばれる75の拝所を巡拝しながら、厳しい修行を行う。修行の道なので険しさや入山時期、女人禁制などの制限もあるが、一部分を歩くだけでも山岳のパワーと独特の神秘的な雰囲気を味わえる。

靡《なびき》って？

大峯奥駈道の道中に配された神仏が宿るとされる拝所・行場のこと。

制作協力：吉野大峯・高野観光圏

日本一でっかい村 十津川《とつかわ》を旅する

ぽっかりと時間が空いた休日。「そうだ、十津川へ行こう！」と思い立つ。日本一長い生活用吊り橋に、泉質の違う源泉かけ流しの3種類の天然温泉、千年以上にわたって宗教文化を伝える世界遺産「紀伊山地の霊場と参詣道」の玉置神社や小辺路《こへち》。まだまだ隠れたスポットもあちらこちらに点在する。1日ではとても巡りきれない壮大なフィールドが広がる、日本で一番大きな村。ゆったり滞在をして楽しむのも良ければ、季節ごとに訪れるのも良い。豊かな自然の中でたたずんでいると、自分の中でゆるやかな時間が流れ出す。ココロもカラダもリセットされてゆく場所、さぁ、十津川へ。

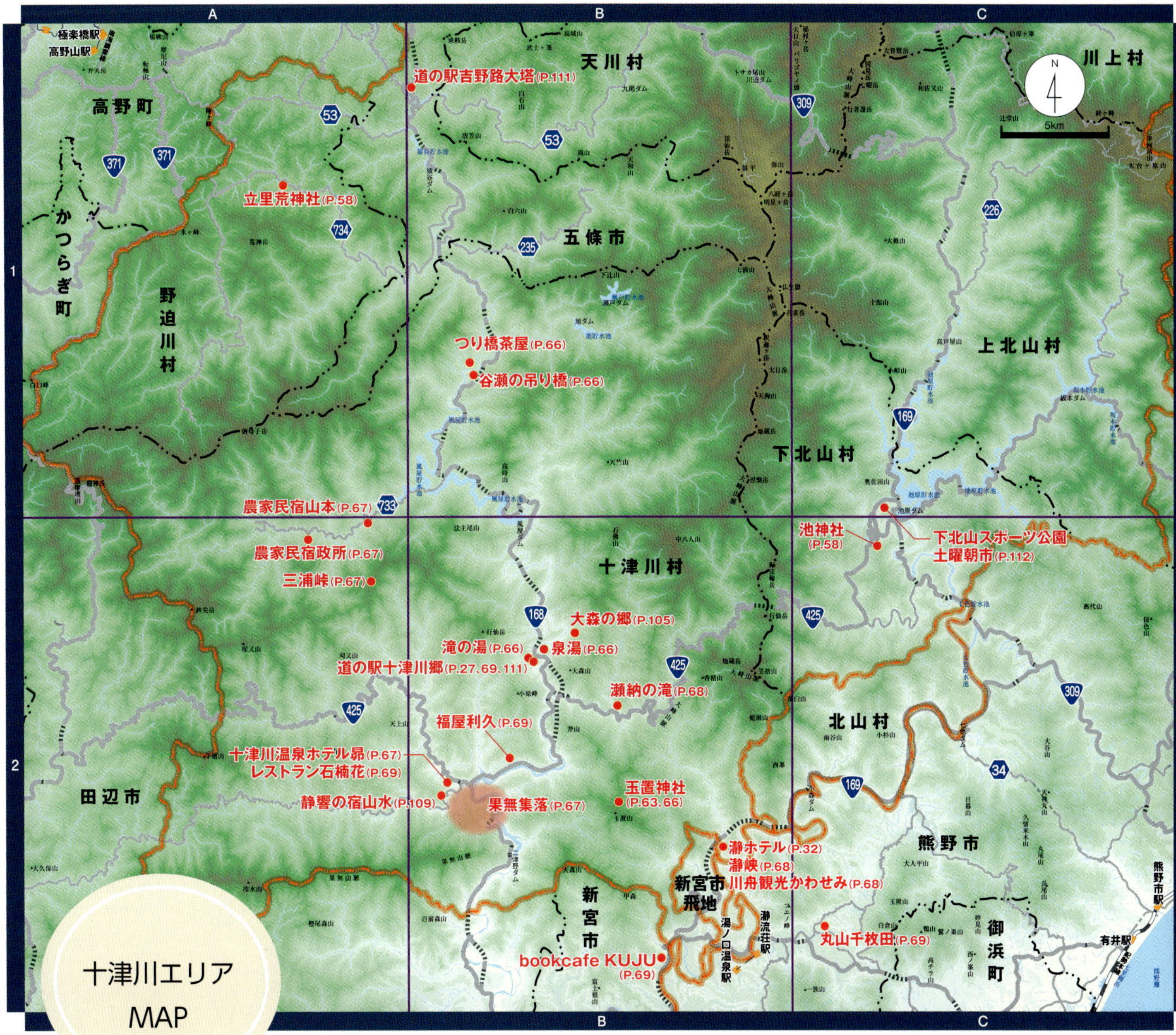

十津川エリア MAP

十津川はとにかく広い。672.4 km²という面積には、東京23区全体がすぽっと入る。この広い村にはいろんな顔がある。

温泉好きの方にとっては「源泉かけ流し宣言」の村。2004年に全国で初の「源泉かけ流し宣言」をしたのが十津川村だった。地下からこんこんと湧き出したままの新鮮な湯。この「ほんまもんの温泉」は村人たちの宝そのものだ。

歴史好きの方なら「十津川郷士」がキーワードだろうか。京都御所の護衛を任されていた勤皇家で、坂本龍馬暗殺の刺客もその名を騙ったという。祖先は神武天皇の東征の際、吉野の山中を先導した「やたがらす」と伝えられる。

地理好きの方は「飛び地」に心ときめかすかも。奈良・和歌山・三重にまたがる瀞峡沿いには、日本で唯一の「飛び地」の村・和歌山県北山村がある。奈良と三重の町村に囲まれた不思議な和歌山。三県が密接に関わりあっている地域性もまた、ここ十津川村の一つの特長だ。

熊野三山の奥の宮
玉置神社《たまきじんじゃ》

第10代崇神天皇が紀元前37年に創建されたと伝わる由緒ある神社。玉置山山頂近くに鎮座し、神武天皇が東征の際「十種神宝《とくさのかんだから》」を鎮め、武運を祈ったともいわれている。古くから熊野大峰修験の行場の一つとして、役行者や弘法大師空海も立ち寄った。境内に樹齢三千年以上の神代杉や杉の巨木が立ち並んでいる光景は、息をのむほど、神秘的なパワーにあふれている。特に霧が立ちこめる早朝は美しく、静謐《せいひつ》な世界が広がる。

MAP:P65-B2
住 吉野郡十津川村玉置川1　☎0746-64-0500
¥ 境内自由　襖絵（重要文化財）のみ拝観料500円
http://www.tamakijinja.or.jp

十津川　王道の旅
まず訪ねておきたい名所はココ

ちょっと寄り道するならココ

つり橋茶屋《つりばしちゃや》

谷瀬の吊り橋でスリルを味わい、清流と美しい山々を楽しんだ後は、橋を渡った所の「つり橋茶屋」で地元の人が作った「めはりずし（3個入り）350円」や「ゆずシャーベット（1カップ）200円」をどうぞ。ちなみにこちらの茶屋、橋を渡った向う岸にある。橋を渡り切った勇者が地元のごちそうにありつけるのである。

MAP:P65-B1
住 吉野郡十津川村谷瀬261-1
☎0746-68-0425（谷瀬地区が運営）
営 8:00～17:00（3月は9:00～）
休 土・日・月曜と夏休み、祝日のみ営業※1～2月は休み

湯泉地温泉《とうせんじおんせん》

泉質の違う3つの温泉がある十津川温泉郷。その中でも560年以上の歴史がある十津川最古の湯は、アルカリ性単純硫黄泉で、古い角質を落として新陳代謝を高め、つるつるの美肌に。露天風呂からは清流や滝が見え、ロケーションも最高！

泉湯
MAP:P65-B2
住 吉野郡十津川村武蔵28- 4　☎0746-62-0090
営 10:00～21:00　休 火曜休　¥ 大人400円・子ども200円

滝の湯
MAP:P65-B2
住 吉野郡十津川村小原373-1　☎0746-62-0400
営 8:00～21:00（8月～11月は7:30～）　休 木曜休　¥ 大人600円・子ども300円

道の駅
十津川郷には
足湯があるよ！

大自然の中で空中散歩
谷瀬の吊り橋《たにぜのつりばし》

長さ297.7m、高さ54mの鉄線の吊り橋は、生活用の吊り橋として日本一の長さを誇る。「一度に20人はわたれません」の看板が度胸を試しているかのよう。恐るおそる歩いていくと、歩く度にゆらゆら、風が吹く度にゆらゆらと揺れてスリル満点。まるで空中を歩いているような気分。

MAP:P65-B1
住 吉野郡十津川村上野地　☎0746-63-0200（十津川村観光協会）
P 近隣村営駐車場あり（普通車1台500円）　¥ 渡橋自由

十津川　小辺路の旅
泊まって歩こう世界遺産

写真提供：清水一憲

昔の暮らしの面影残る
三浦集落〜三浦峠《みうらしゅうらく〜みうらとうげ》

三浦集落から三浦峠へと続く「小辺路《こへち》」の道中には美しい棚田や屋敷跡、丁石《ちょういし》など、昔の暮らしの面影が所々に残る。昔、旅籠だった吉村家の防風林だった樹齢500年の大杉は、根元近くで何本にも分かれ、躍動感のあるうねりを見せ、その迫力に圧倒される。

MAP:P65-A2　住 吉野郡十津川村三浦

ホテル昴の脇にある
人力ロープウェイ
「野猿」にも注目！

周辺のおすすめ宿ご紹介

十津川温泉《とつかわおんせん》　ホテル昴《ほてるすばる》

山間の秘境の地に建つ近代的なホテルは、温泉も源泉かけ流し。ナトリウム炭酸水素塩泉のおかげで、お肌すべすべに。お楽しみの夕食には地元食材にこだわったアマゴの昆布締めやイタドリの田舎煮など、川魚や山菜を使った郷土料理が楽しめる。

MAP:P65-B2
住 吉野郡十津川村平谷 909- 4
☎ 0746-64-1111
¥ 14,000 円〜　http://www.hotel-subaru.jp/

農家民泊

伯母子峠から下ってきた神納川地区の五百瀬集落では、十津川の暮らしを味わう農家民泊が楽しめる。旬の野菜をふんだんに使った地元料理に、薪割りや風呂焚きの体験も面白い。思わず「ただいま」と帰りたくなる第二の故郷になるかも。

農家民宿《のうかみんしゅく》「山本《やまもと》」

MAP:P65-A2　住 吉野郡十津川村内野 198
☎ 0746-67-0076　¥ 7,500 円〜

農家民宿《のうかみんしゅく》「政所《まんどころ》」

MAP:P65-A2　住 吉野郡十津川村五百瀬 101
☎ 0746-67-0476　¥ 7,500 円〜

美しい天空の郷
果無集落《はてなししゅうらく》

「紀伊山地の霊場と参詣道」として世界遺産に登録された「小辺路」が通る集落は、果無山脈を見渡す美しさから「天空の郷」とも呼ばれている。数軒の民家や道端の石仏、水田、手入れされた畑など、日本の原風景に心がほっこり。よくぞここに道を作ったものだと驚き、また古来、行き来する人を見守って来た集落の歴史にもジーン。運が良ければ、果無集落のポスターに登場した笑顔がかわいいおばあちゃんに出会えるかも。

MAP:P65-B2　住 吉野郡十津川村桑畑

鏡のように風景を映す
神秘的な大渓谷
瀞峡《どろきょう》

奈良、三重、和歌山にまたがる国の特別名勝の大峡谷。古くは玉置神社の御手洗池ともいわれていたという。太古の自然そのままに切り立った断崖や巨岩、奇岩など迫力ある景色と、コバルトブルーに澄み渡った水が織りなす幽玄美の世界。風のない朝夕には水面が鎮まり、鏡のように風景を移し込むのもまた絶景！岸から眺めるのも十分美しいが、ここはやはり川舟かウォータージェットに乗ってダイナミックな景観に圧倒されたい。

MAP:P65-B2
住 吉野郡十津川村神下ほか、三重県、和歌山県にまたがる

十津川　秘境の旅
あっと驚く景色に会いに

瀞峡に来たら乗っておこう！
川舟観光《かわふねかんこう》　かわせみ《かわせみ》

川舟で瀞峡を水面すれすれから楽しんでみて。少年時代から瀞峡を遊び場にしてきた船頭さんが、獅子岩やこま犬岩、寒泉岩などの巨岩や奇岩を名調子でご案内。舟は基本8時から17時までだが、朝もやがかかる早朝や月夜の運行にも相談にのってくれる。

MAP:P65-B2
住 吉野郡十津川村玉置川451-3　☎ 090-2196-8533／0746-69-0168
営 8:00～17:00　増水の際は欠航　¥ 2名3,800円～（乗船時間30分）

リフレッシュ効果ばっちり
瀬納の滝《せのうのたき》

隠れた名所、瀬納の滝。マイナスイオンの滝とも呼ばれ、最近じわりじわりと注目を集めている。轟音を立てて水が流れ落ちていく様を間近に見ていると、まるで体内がデトックスされたような気分に。新緑と紅葉の季節は滝の美しさが一層引き立つ。

MAP:P65-B2　住 吉野郡十津川村高滝

旨いキノコたっぷり蕎麦

その地に行かないと味わうことができないプレミアムグルメは旅の愉しみ。十津川へ行ったら、ぜひ味わってほしいのが、十津川村産のシメジやエリンギ、ナメコなどの「キノコ類」。なかでも、長さ10センチになる肉厚のシメジは、見た目も味も存在感抜群だ。

このキノコを味わえるのが、道の駅十津川郷の2階にある挽きたて、打ちたての蕎麦が味わえる店「そば処行仙《ぎょうせん》」。シメジ、シイタケ、エリンギがたっぷり入った温かい「きのこそば」900円は十津川の恵みそのもの。蕎麦の風味を堪能したいなら、冷たい「なめこおろし蕎麦」850円を。高菜で巻いた郷土料理の「めはり寿司」も1個150円から注文できる。

※めはり寿司は土日曜のみ

道の駅十津川郷《みちのえきとつかわごう》

MAP:P65-B2
住 吉野郡十津川村小原225-1 ☎ 0746-63-0003
営 8:00～17:30（12月～3月末は～17:00まで） 休 無休
そば処行仙 営 11:00～15:00 休 火曜休

1階でお土産探し

同道の駅1階では、十津川のヨモギや柚子、石臼で挽いたソバ粉を使った「美スコッティ」350円や、骨酒が作れちゃう「あめの魚のあぶり」780円～900円など、気になるおみやげがあれこれ。おすすめは、ゆず、よもぎ、プレーンの3つの味が楽しめる「手造りお刺身こんにゃく」973円。楽しかった旅の想い出とともに、ご自宅でも十津川の味を楽しんでみてはいかが。土日には道の駅の足湯横であつあつこんにゃくの販売が。

レストラン石楠花《れすとらんしゃくなげ》

MAP:P65-B2
住 吉野郡十津川村平谷
十津川温泉ホテル昴内
☎ 0746-64-1111
営 11:30～14:00、
17:00～20:00
喫茶は7:30～20:30
休 無休

珍味「柚べし」も

十津川の名物「あまご」や「柚べし」などを盛り込んだ「十津川御膳」1800円もおすすめしたい食事。十津川温泉ホテル昴に併設される「レストラン石楠花」でいただける。ここで豆知識。「ゆべし」は「ゆうべし」とも言われ、柚子の実をくりぬいた中に、落花生やクルミ、きな粉、ゴマなどを合わせた味噌を詰め、蒸してから寒風の中、乾燥させた山里ならではの保存食。幕末、京都御所を警備していた十津川郷士が携行していたとも伝えられる。「十津川御膳」ではチーズと一緒にどうぞ。まろやかな味噌の味の中にゆずの香りがふわ～っ。

シイタケ×饅頭!?

シイタケを使ったお饅頭なんていうものも。十津川でたった1軒の和菓子屋、「福屋利久」が考案した粉末シイタケを使ったお饅頭「三湯めぐり」800円は、村内のホテルや旅館などのお茶請けとして使われ、観光客の間でも人気の一品。同店店頭のほか、ホテル昴の売店でも販売中。

福屋利久《ふくやりきゅう》

MAP:P65-B2
住 吉野郡十津川村大字平谷77
☎ 0746-64-1515
営 9:00～17:00
休 水曜休

ちょっと隣県へ
ここは「熊野」

瀞峡は、和歌山県、三重県、奈良県の県境の渓谷。しかし、この地域は県という線引きではなく、三県にまたがる「熊野」という古来からの風土観を持ってめぐるのが、よりふさわしい。十津川の広さは、例えば村北部の天辻峠が雪で凍結している同じ日に、村最南端の瀞峡はほの暖かく、日差しも春めいているというくらい。「熊野」にある瀞峡まで足を伸ばすなら、和歌山県や三重県の名所やお店にもぜひ目を向けてみて。

瀞峡から車で約60分　三重県
丸山千枚田《まるやませんまいだ》

日本一の棚田景観とも言われる丸山千枚田。1枚あたりの平均面積が約10坪という小さな田が1,340枚（！）おりかさなっており、そのほとんどが昔ながらの手作業で稲作を行っているという。人が作り、守っている絶景だ。

MAP:P65-C2
住 三重県熊野市紀和町丸山 ☎ 0597-97-1113（熊野市地域振興課）

瀞峡から車で約40分　和歌山県
bookcafe KUJU《ぶっくかふぇくじゅう》

週末にオープンするブックカフェ。廃校になった小学校の教室がカフェと新刊本を並べた本屋になっている。いい味の什器は、小学校で使われていたものだそう。お隣には、石窯・自家培養酵母で焼くパン屋「むぎとし」さんも。

MAP:P65-B2
住 和歌山県新宮市熊野川町九重315 旧九重小学校 ☎ 0735-30-4862
営 土・日・祝日の11:00～18:00 休 月～金曜休

大和路花暦

花も団子も お酒もね

奈良・大和路の四季を彩る花を訪ねる旅はいかがでしょう。
もう一つのお目当ては花咲く町にある「なんか甘いもん」。
とっておきの奈良の地酒もあればなおさらご機嫌です。

4月 シダレザクラ

宇陀市 佛隆寺《ぶつりゅうじ》　千年桜

樹齢千年を迎えようという県内最古の桜。佛隆寺の参道にガッシリと根を張り、樹勢良好だ。複雑に枝分かれした根幹の迫力、空を背景にした悠々と伸びる枝、満開の花。樹の根元から見上げたときの迫力も、少し離れて眺めるときののどかさも良い。県指定天然記念物に指定されている。

MAP:P77-C2
住 宇陀市榛原赤埴　☎0745-82-2714
料 入山料100円　本堂拝観料300円
営 9:00～16:30開門（本堂拝観は事前予約）　P 15台

見頃 4月中旬

宇陀市 栄吉《えいきち》のよもぎの回転焼

ちょっと珍しいよもぎ入りの回転焼き（1個90円）。うっすら焼き色がついた表面はサクッ、割ればよもぎの緑が鮮やかなフワもち生地とおいしい粒餡が。何度でも食べたい味。

MAP:P77-C1
住 宇陀市室生709-2　☎0745-93-2024
営 8:00～17:00　休 無　P 有

写真／MIKI

天理市　御陵餅本舗《ごりょうもちほんぽ》の御陵焼き餅

崇神天皇陵目の前の同店の名物。控えめにくびれた古墳型の素朴な焼き餅（1個151円）は白とよもぎの2種。初めて食べた人は食感の柔らかさに驚くくらいのもっちりさだ。

MAP:P77-A1
住 天理市柳本町1536　☎ 0743-66-3035
営 9:00～18:00（売切れ次第閉店）
休 水曜休（祝日の場合は営業）　P 有

5月

天理市　長岳寺《ちょうがくじ》

山辺の道沿いの古刹・長岳寺。関西花の寺第十九番霊場となっていて、12,000坪の境内に四季おりおりの花が咲く。なかでも4月下旬から5月上旬に見頃となる約1,000株の平戸ツツジ、5月初旬から中旬に本堂前の池に美しい姿を映すカキツバタの競演は絵巻物のような鮮やかな光景。

MAP:P77-A1
住 天理市柳本町508　☎ 0743-66-1051
営 9:00～17:00開門
料 拝観料　大人350円、高・大学生300円、中学生250円、小学生200円　P 30台
http://www.chogakuji.or.jp/

カキツバタ
見頃 5月初旬～中旬

桜井市　白玉屋榮壽本店《しらたまやえいじゅほんてん》の名物みむろ

170年余、一子相伝で作るもなか（1個100円）は奈良の手みやげ代表。お店を「みむろさん」と呼ぶ奈良っ子も。茶寮ではお抹茶の茶菓子としていただくことができる（550円）。

MAP:P77-A2
住 桜井市三輪660-1　☎ 0744-43-3668
営 8:00～19:00（茶寮10:00～18:00）　休 月曜・第3月曜・火曜連休（月曜が祝日の場合は営業、火曜休）　P 有

6月

桜井市　大神神社《おおみわじんじゃ》

大神神社の御神花であるササユリ。ごく淡く薄く赤みを帯びた花の色、高貴な香り。あまりの美しさから乱獲の憂き目にあい、その数を激減させてしまった。10数年前から大神神社の一画に設けられた「ささゆり園」で栽培され、近年は3,000株あまりのササユリが花を咲かせるまでに。

MAP:P77-A2
住 桜井市三輪1422　☎ 0744-42-6633
営 ささゆり園は9:00～16:00
料 境内自由　P 400台
http://www.oomiwa.or.jp

ササユリ
見頃 5月中旬～6月下旬

河合町　たっくんのバームクーヘン屋さん《たっくんのばーむくーへんやさん》のプレミアたっくん

地元牛乳店が手焼きオーブンで作る「プレミアたっくん」（1本1,080円）。吉野町の野澤養鶏場の卵や五條市の東田中農園のはちみつなど地元素材が選ばれているところも素敵。

MAP:P7
住 北葛城郡河合町川合886-1　☎ 0745-56-4420
営 9:30～17:30　休 日曜休
P 有

7月

河合町・広陵町　馬見丘陵公園《うまみきゅうりょうこうえん》

河合町・広陵町にまたがって広がる緑豊かな馬見丘陵公園。四季を通じて多様な草花を観察することができる。秋の七草に数えられるオミナエシの可憐な姿もそのうちの一つ。一帯は馬見古墳群エリアであり公園の敷地には多くの古墳が。奈良ならではのロケーション。

MAP:P7
住 北葛城郡河合町佐味田2202
☎ 0745-56-3851（馬見丘陵公園館）
営 8:00～18:00（6月～8月は19:00まで、11月～2月は17:00まで）　P 有

オミナエシ
見頃 7月中旬～8月下旬

8月

橿原市

だんご庄《だんごしょう》のきなこだんご

旧高野初瀬街道の茶店として誕生して135年以上。竹串にささった5つのだんごの素朴な風情に、特製の蜜がしみたきなこの風味。「これぞ我がだんご！」な逸品（1本70円）。

MAP:P7
住 橿原市内膳町1-3-8　☎0744-25-2922
営 9:00〜17:00（売り切れ次第閉店）　休 火曜、第1水曜休
P 有

橿原市

本薬師寺跡《もとやくしじあと》

天武天皇・持統天皇ゆかりの本薬師寺。その寺跡周囲の水田一面にホテイアオイの瑞々しく涼しげな薄紫色の花が広がる。毎年7月初旬に植えつけられたホテイアオイは、最盛期には約40万株にもなるというから壮観。本薬師寺は奈良市にある薬師寺の前身にあたる大寺院だった。

MAP:P40-A1
住 橿原市城殿町　☎0744-22-4001（橿原市観光課）
※開花情報はウェブサイト「橿原探訪ナビ」に掲載
P 有
http://www.city.kashihara.nara.jp/kankou/

ホテイアオイ
見頃
8月中旬
〜9月下旬

9月

大淀町

和菓子工房雀堂《わがしこうぼうすずめどう》の番茶葛わらび餅

吉野葛とわらび粉に、地元大淀町の特産品である天日干し番茶の風味を加えたぷるぷるの番茶葛わらび餅（1パック200円）。大淀の番茶ならではの香ばしさがわらび餅にぎゅっと。

MAP:P53-A1
住 吉野郡大淀町大字土田64-2　☎0747-52-4411
営 9:00〜18:00　休 日曜休
P 有　※購入は大淀iセンター

大淀町

世尊寺《せそんじ》

古くは比蘇寺と呼ばれた世尊寺。聖徳太子建立の寺と伝えられ、かつて大伽藍を構えた寺域は「比曽《ひそでら》寺跡」として国の史跡に指定されている。花期には境内や寺院裏手に真紅のヒガンバナの絨毯が。江戸時代には松尾芭蕉が訪れて「世にさかる　花にも念佛　まうしけり」の句を残した。

MAP:P53-A1
住 吉野郡大淀町比曽762　☎0746-32-5976
営 9:00〜16:30開門　料 拝観料300円
P 普通車約50台、観光バス3台
http://web1.kcn.jp/sesonzi/

ヒガンバナ
見頃
9月中旬
〜9月下旬

花見酒の愉しみ。

酒のあべたや　村井さん

花を愛で、甘味で一服。と来て、これがあればなおさらいいね！というもの。そう、うまし酒。清酒発祥の地といわれる奈良県。日本最古の神社・桜井市にある大神神社《おおみわじんじゃ》は、全国の酒造家や杜氏の厚い信仰を集める社でもある。

製造量は決して多くはないものの、「奈良には個性のある面白い酒をつくる蔵が多いんです」と話すのは、地元の酒屋さん・酒のあべたやの村井さん。目利きに教えてもらった「これぞ！」な奈良の酒蔵をご紹介！

油長酒造《ゆちょうしゅぞう》（御所市）風の森

新時代の日本酒を牽引する存在と言って過言ないでしょう。酒米の品種は地元契約農家が育てる「秋津穂」。超低温・長時間発酵が特長。酒と地域にかける想いに圧倒されます。

住 御所市本町1160　☎0745-62-2047
●蔵見学／なし　●直販／なし
●たとえばこの一本／
「風の森 秋津穂 純米しぼり華 1800ml」2,257円
http://www.yucho-sake.jp/

10月

コスモス
見頃
10月上旬
～10月下旬

斑鳩町 ＞ 法起寺《ほっきじ》

　現存する最古の三重塔が建つ法起寺。世界遺産「法隆寺地域の仏教建造物」に登録されている。県道から眺める塔は楚々として、田園風景に溶け込むよう。秋になると休耕田に植えられたコスモスが咲き乱れ、塔のある風景が一段と印象的に。日没前の逆光で眺める景色には思わず息をのむ。

MAP:P7
住 生駒郡斑鳩町大字岡本1873番地
☎ 0745-75-5559
営 8:30～17:00（11月4日～2月21日の間は16:30閉門）
料 拝観料300円　P 無
http://www.horyuji.or.jp/hokiji.htm

安堵町　樸木のビスコッティ《あらきのびすこってぃ》

自家製天然酵母パンとケーキの人気店が作る、卵・乳製品不使用の「ビスコッティ」（一袋324円）。赤米とココナッツや、自家製みかんピールと紅茶など、ここならではの風味がいろいろ！

MAP:P7
住 生駒郡安堵町窪田的場190-1　☎ 0743-57-9300
営 パン・お菓子の販売は水・木・金・土・第1日曜の10:30～19:00（モーニング・ランチタイムあり）
休 月・火曜・営業日以外の日曜休　P 有

11月

紅葉
見頃
11月上旬
～12月中旬

平群町 ＞ 信貴山朝護孫子寺《しぎさんちょうごそんしじ》

　聖徳太子が毘沙門天のご加護に感謝し、伽藍を創建、信ずべし貴ぶべき山『信貴山』と名付けたとされる場所は、必勝祈願の寺院として信仰を集めている。例年11月に「紅葉まつり」が行われているが、平年並みの色づき具合だと12月初旬まで見事な錦秋を愛でることができる。

MAP:P7
住 生駒郡平群町信貴山　☎ 0745-72-2277
営 9:00～17:00
料 境内無料（宝物館・戒壇めぐりは別途）
P 有（有料約200台）
http://www.sigisan.or.jp/

平群町　曽我之家本店《そがのやほんてん》の信貴山せんべい

かわいい寅の絵が描かれた小袋に入った懐かしい味わいのおせんべい（一箱600円・15包30枚入り）。信貴山門前の店の一画で手焼きされていて、ふわっと甘い香りに誘われる。

MAP:P7
住 生駒郡平群町信貴山2303-6　☎ 0745-72-2116
営 9:00～17:00　休 不定休
P 近隣駐車場利用

葛城酒造《かつらぎしゅぞう》
（御所市）
百楽門

いろんな酒米がありますが、なかでも「雄町」という米にはオマチストと呼ばれる熱烈なファンが。その「雄町」を使い極上の酒を醸す日本全国のオマチスト垂涎の蔵です。

住 御所市名柄347-2　☎ 0745-66-1141
●蔵見学／なし　●直販／基本的になし
●たとえばこの一本／
「純米吟醸百楽門 備前雄町 1800ml」3,024円
http://www.hyakurakumon-sake.com/

千代酒造《ちよしゅぞう》
（御所市）
篠峯

全国新酒鑑評会で9年連続金賞に輝いています。ぼくは千代酒造さんは奈良県でおいしい吟醸酒を最も安定してつくる蔵だと思っています。いやぁ上品でキレイなお酒です。

住 御所市大字櫛羅621　☎ 0745-62-2301
●蔵見学／なし　●直販／可
●たとえばこの一本／
「篠峯 ろくまる 八反 純米吟醸うすにごり 1800ml」3,240円
http://www.chiyoshuzo.co.jp/

御所《ごせ》は奈良の銘酒どころ油長、葛城、千代。おいしい酒を醸す三蔵が集まる御所。葛城山が貯えるキーンと冷えた名水が酒どころを支えています。

12月

葛城市 石光寺《せっこうじ》

花の寺として人気の石光寺。春のボタン、シャクヤク、夏のサルスベリ（大変な古木だ）、多様な草花も大切に育てられている。なかでも寒ボタンは、色彩の少なくなった冬に美しい姿を見せてくれて印象深い。わらを編んだ「菰《こも》」をかぶって咲く姿を見ると温かな気持ちになる。

MAP:P19-A1
住 葛城市染野387　☎0745-48-2031
営 9:00～17:00開門
料 拝観料400円　P 約30台
http://sekkouji.or.jp/

寒ボタン
見頃 12月上旬
～1月上旬

葛城市 朗紀本舗《あきほんぽ》の當麻どっこいまんじゅう

相撲発祥の地の新名物は「和風スイートポテトですね！」と常連さん。ほくほくのさつまいもの回転焼きで、プレーンタイプ（120円）や人気の渋皮栗入り（160円）、イチゴやりんごなどの季節メニューも。

MAP:P19-A1
住 葛城市當麻54-2　☎0745-48-7588
営 9:30～16:30（売り切れ次第終了）　休 火曜休
P 無

1月

大和郡山市 大和民俗公園《やまとみんぞくこうえん》

落ち着きのある黄色をした、蠟《ろう》のような質感を持つ花びら。そしてなんと言ってもその香り。大和民俗公園内の梅林では、紅白梅に先駆けてロウバイが咲き（ロウバイはウメとは属種が異なる）、冬の最中に春の気配を漂わす。同公園は博物館や広場などあり、気軽な散歩におすすめ。

MAP:P7
住 大和郡山市矢田町545　☎0743-53-3171
営 博物館9 :00～16:30（閉館17:00）
料 入園料無料　博物館入館料大人200円、学生等150円　P 150台

ロウバイ
見頃 1月下旬
～2月頃

大和郡山市 徳壽庵郡山本店《とくじゅあんこおりやまほんてん》の豊姫

柔らかな羽二重餅、上品でなめらかな白餡、そこに包まれた苺一粒のなんというジューシーさ。ずっと味わっていたいと思う苺大福（1個194円）は12月～6月頃の期間限定品。

MAP:P7
住 大和郡山市矢田町6403-6　☎0743-54-7337
営 9:00～19:00　休 火曜休
P 有

大倉本家《おおくらほんけ》（香芝市）大倉

ここの特長はなんと言っても「山廃」という古典的な製法ですね。濃く旨味のある酒造りをする蔵です。3年間酒造りをしなかった時期を経て復活したというのも嬉しい。

住 香芝市鎌田692　☎0745-52-2018
●蔵見学／要問合せ　●直販／要問合せ
●たとえばこの一本／
「大倉 山廃特別純米 備前朝日60% 無濾過生原酒 1800ml」2,700円
http://www.kinko-ookura.com/

今西酒造《いまにししゅぞう》（桜井市）みむろ杉

万治3（1660）年創業という老舗。勉強熱心な息子さんが跡を継がれています。設備投資を行い、さらにグッと品質が上がりましたし、「これから来るぞ」という期待の蔵。

住 桜井市三輪510　☎0744-42-6022
●蔵見学／可　●直販／大神神社参道に直販店あり
●たとえばこの一本／
「みむろ杉 純米吟醸 山田錦 無濾過生原酒 1800ml」3,024円
http://imanishisyuzou.com/

五條市

千珠庵きく川《せんじゅあんきくかわ》のミかさ

1枚1枚手焼きする皮で、艶やかな粒餡を挟んだ手のひらサイズのどら焼き（1個135円）。この皮生地のふっくら感、手仕事だからこそ。

MAP:P7
住 五條市五條1-5-1　☎ 0747-22-1056
営 9:00～18:00　休 日曜休・祝日不定休
P 無

2月

五條市

賀名生梅林《あのうばいりん》

山間に2万本の梅が咲く県下有数の梅林。700年前に詠まれた歌に、ここ賀名生の梅のことが詠まれているという。都を追われた後醍醐天皇ゆかりの「賀名生皇居跡」、五條市西吉野町の歴史文化を伝える「賀名生の里　歴史民俗資料館」など周辺スポットもともに訪ねたい。

MAP:P7
住 五條市西吉野町北曽木
☎ 0747-33-0301（五條市役所西吉野支所地域振興）
料 無料
P 80台（乗用車300円、バス1000円）

ウメ
見頃
2月下旬
～3月下旬

御所市

あけぼ乃《あけぼの》の かりんとう饅頭

明治18年創業の和菓子屋さんで人気急上昇なのが「かりんとう饅頭」（一個110円）。カリッとした黒糖風味の皮と甘さ控えめの餡子がよく合い、椿の実にも似た姿も魅力的。

MAP:P19-B2
住 御所市大広町328　☎ 0745-62-2071
営 7:30～19:30　休 年始1月1日・2日
P 有

3月

御所市

巨勢の椿《こせのつばき》

「巨勢山のつらつら椿つらつらに見つつ思はな巨勢の春野を」。口ずさみたくなるリズムを持つこの万葉歌。舞台となった御所市古瀬にひっそりと残る巨勢寺跡や、その子院・阿吽寺では、現在も椿の花が人々の目を楽しませている。歴史に思いを馳せつつ、つらつら眺めて巡りたい。

MAP:P19-B3
住 御所市古瀬361
☎ 0745-62-3346（御所市観光協会）
料 無料
P 5台（阿吽寺）※巨勢寺塔跡はP無

ツバキ
見頃
10月中旬
～5月中旬

酒のあべたや

日本全国選りすぐりの日本酒、梅酒、ワイン、ビールなどが並ぶなかに、奈良の地酒を集めた一画が。ゆったりした店内を生かし、お酒を楽しむ催しなども開催する町の酒屋さん。

MAP:P7
住 磯城郡田原本町三笠43-3
営 10:00～20:00（日曜・祝日は19:00まで）
☎ 0744-32-4335　休 水曜休

久保本家酒造《くぼほんけしゅぞう》（宇陀市）生酛のどぶ

生酛造りで半年、1年と寝かして旨くなる酒を造る蔵です。「酒は新酒が旨い」は通じません。甘めのものが多いにごり酒ですが、ここのはメチャ辛、燗酒にしたらもう絶品！

住 宇陀市大宇陀出新1843　☎ 0746-32-3639
●蔵見学／なし　●直販／一部可
●たとえばこの一本／
「生酛のどぶ 純米にごり加水瓶燗火入 1800ml」3,290円

美吉野酒造《みよしのしゅぞう》（吉野町）花巴

酵母無添加の酒造りに家族で取り組む蔵。どういうことかというと蔵に住み着いた「蔵つき酵母」の力だけで酒を醸すんですね。「この蔵だけ」の個性ある酒、いいですねぇ。

住 吉野郡吉野町六田1286　☎ 0746-32-3639
●蔵見学／要問合せ　●直販／一部可
●たとえばこの一本／
「花巴 山廃純米 備前雄町 無濾過生原酒 酵母無添加 1800ml」3,240円
http://www.hanatomoe.com/

まほろば大和は、国のはじまり。

「やまとはくにのまほろば―」。
これは命のおわりを予感したヤマトタケルノミコトが、
遠き地から美しき故郷をよんだ歌です。
美しき故郷、それが現在の桜井市です。

「国の始まり大和の国、郡《こおり》の始まり宇陀郡―」。
これは大和の国よりも太古から暮らしが
営まれてきたことを誉め称え、伝えられた古謡です。
誇り高き生活の場、それが現在の宇陀市です。

古くから栄えた桜井・宇陀地域は、
多くの人々が行き交い、街と道を伝えてきました。
自動車が主流となった現在の幹線道路も、
その母体は人々が徒歩で行き交った街道です。
現在の街道・古道は、その土地本来の歴史を
今も垣間見せてくれます。
古い道と新しい道。その界隈をめぐれば、
思わぬ歴史との出会いを楽しむことができるでしょう。

桜井《さくらい》

宇陀《うだ》

栗野義典

昭和49年生まれ。群馬県出身。学生時代を大阪・南河内で過ごした後、平成10年に共栄印刷株式会社入社。同年8月、奈良県の主に中南部地域を紹介するフリーペーパー「やまとびと」の創刊に関わって以来、現在まで同社の印刷営業兼編集として勤務。平成17年から宇陀市内在住。休日は、故郷と一味ちがうムラの行事に勤しみ励み、あるいは睦び和む。

奈良県の（主に）中南部を取材エリアとしているフリーペーパー。地域の発展やPRの一助になるものを作り、私たちの生まれ育った地域の素晴らしさを多くのひとに知ってもらいたいという想いで作り始めました。
長谷寺参道筋にオープン（平成24年8月）した「やまとびとのこころ店」は本誌の編集活動を通じて御縁をいただいた作家の作品販売や奈良らしい食文化の再現と提案を試みる「やまとびとカフェ」のほか、着地型ツアーを提案する「やまとびとツアーズ」を併設し、二次元媒体を飛び出して読者の皆さまとの直にふれあうことのできる三次元媒体を目指しています。

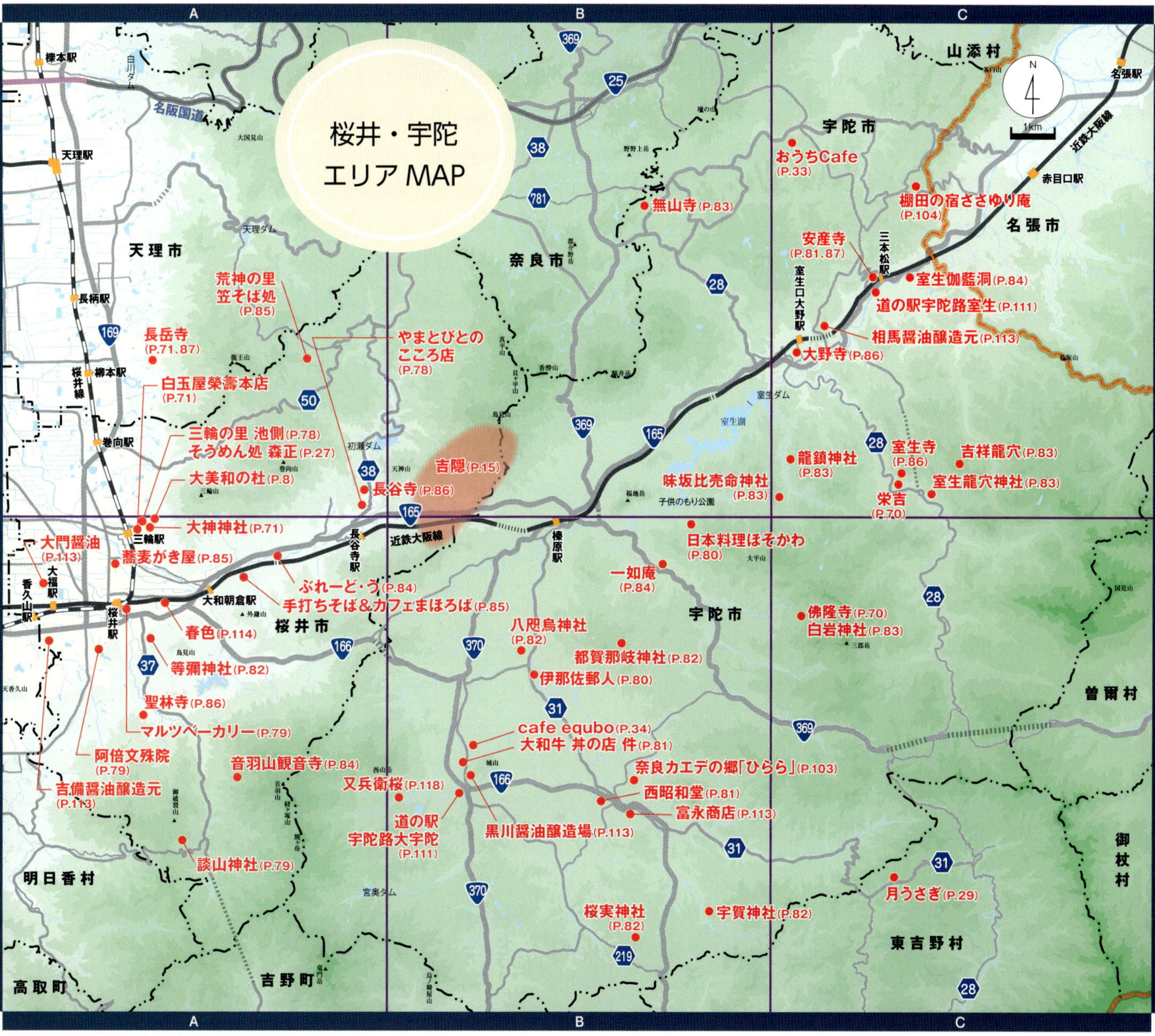

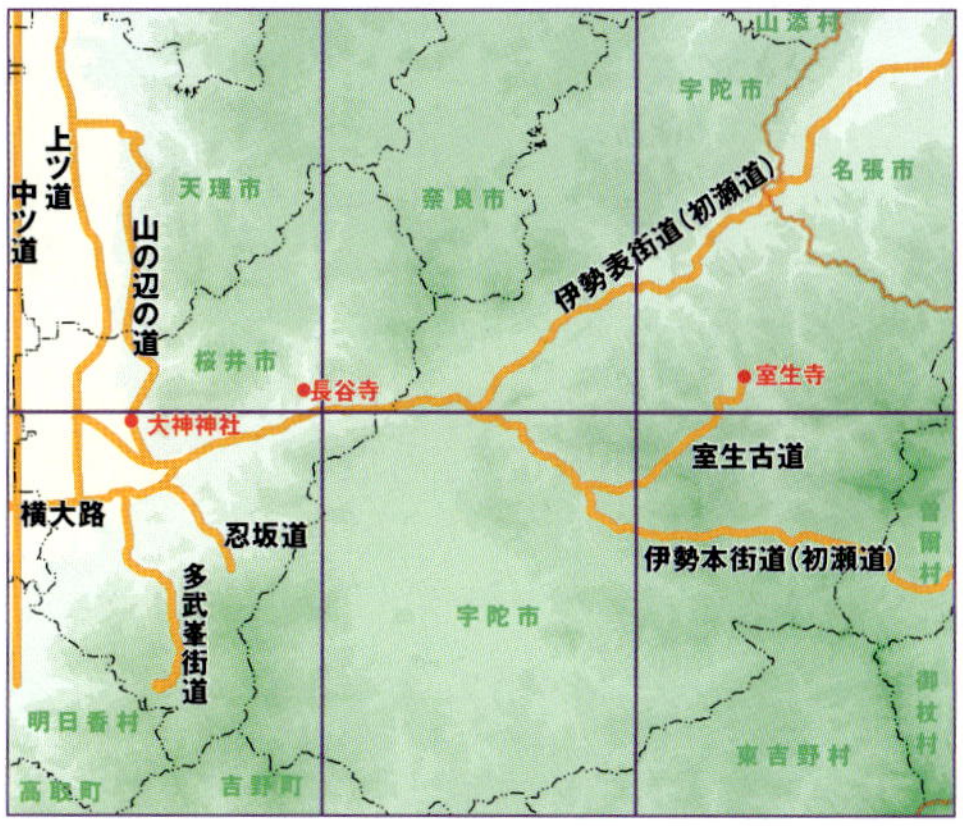

上ツ道・山の辺の道・初瀬《はせ》道を集約する三輪の街。
横大路と伊勢街道、忍坂《おっさか》道、多武峰《とうのみね》街道がからみあう
桜井市中心部。
伊勢本街道と伊勢表街道の分岐点、榛原萩原《はいばらはぎわら》。
神武東遷の伝説がのこる男坂・女坂伝承地。
弘法大師と竜神信仰に彩られた室生古道《むろうこどう》。

古道・旧道・街道筋には、神社仏閣・名勝旧跡が点在し、
たくさんの人が行き交うことで
伝統産業や土産物が育まれました。
定番の地元グルメも独特の存在感。
最近では「温故知新」の新しいお店や
取り組みもあちこちで見受けられます。
山越え、谷越え、逢いに来ませんか？
味わい深い歴史のまち、桜井・宇陀へ！

桜井エリア
～初瀬《はせ》・三輪《みわ》・多武峯《とうのみね》～

高き尊き神仏のあるところ、道が開け、人が集う。桜井市の初瀬・三輪・多武峯はまさにそんなセオリー通りの場所。ほんとうは新しいものが大好きなのに、今の暮らしの中に残る古き良きものを隠しておけないのが、この町の魅力のようです。

たくさんの人々の想いが集まる町、三輪

三輪《みわ》

桜井市のランドマーク、三輪山は「神の山」。大神《おおみわ》神社のご神徳を慕い、昔も今もたくさんの人々が集う。

すべてはお蔭とご縁なり！「わらしべ」の街並み

初瀬《はせ》

長谷寺の観音さまのお膝元の長谷寺門前は毎月18日が観音さまの御縁日。この日、街並みの店舗には「わらしべ長者」の暖簾《のれん》が物語を紡ぐ。

三輪 **三輪の里《みわのさと》 池側《いけがわ》**

さりげないこだわりが嬉しい素麺屋さん

　大神神社摂社《おおみわじんじゃせっしゃ》の久延彦神社鳥居前《くえひこじんじゃとりいまえ》の素麺屋さん。定番の「冷やしそうめん（750円）」も「にゅうめん（700円）」も昔、製麺業を営んでいたから「家庭の味」とは一味も二味も違う。定番以外にも葛粉でとろみの「あんかけ」、自然薯の「山かけ」、きな粉だんごやわらび餅も人気。定食にはお赤飯付きが嬉しい。店内に活けられたお花や使う器にもチラリとご主人のこだわりが垣間見られ、これまた嬉しい。

MAP:P77-A2　住 奈良県桜井市三輪250-1　☎0744-45-4118
営 10:00～16:00（日曜・祝日は16:30）　休 木・金曜休　P 無

やまとびと女夫饅頭とお薄（お抹茶）940円

初瀬 **やまとびとのこころ店《やまとびとのこころみせ》**

大和隠国《やまとこもりく》の里　やまとびとのこころ店

　地元フリーペーパーを発行する印刷会社が運営する、やまとびとのこころ店。長年の活動で得た御縁をもとに、こだわりの商品を扱う。看板商品の「こころ飴（各種390円）」のほか、かつて伊勢本街道筋で名物だった女夫饅頭を復刻。オリジナル雑貨や手づくりのカフェメニューも魅力的。のんびりほっこりできる2階座敷もいい感じ♪

MAP:P77-A1　住 桜井市初瀬830番地　☎0744-55-2221　営 10:00～17:00
休 火・水曜休（祝日及び18日は営業）※前後する場合あり　P 有

路傍の祈りを感じて
にぎわいの残響を観る

伊勢街道筋《いせかいどうすじ》

かつてお伊勢参りでにぎわったという伊勢街道筋には、あちこちに趣深い風景が。今と昔の暮らしが共存しているかのような街並みも必見！

伊勢街道筋

マルツベーカリー《まるつべーかりー》

桜井市民のソウルフード。「あんフライ」！

創業昭和23年から変わらぬスタイル。昨今まれに見る地域密着型「昔ながらのパン屋さん」のマルツベーカリー。その看板商品が「あんフライ（2枚入り260円）」だ。

「よそのお店にも良く似た商品がありますが『やっぱりマルツさんのが一番おいしい』と、お客さんに喜んでいただいています」と店主で2代目の堀井直明さん。表面はパリッと、中身はしっとりの独特の食感があなたをとりこに。

MAP:P77-A2
住 桜井市桜井196（桜井駅 南口） ☎0744-42-3447 営 7:00～売り切れ次第 休 日曜休 P 無

荒々しさと優しさの共存
自然の懐深くで癒される

多武峯《とうのみね》

神仏習合時代の独特の雰囲気が残る談山神社。多武峯の森の木々の緑は深く濃く、巨木たちが静かに歴史を物語る。

恋神社のすぐ側にあるのが「むすびの岩座（いわくら）」。神宿る岩をなでながら「むすびの願い」を祈願すると良縁に恵まれるのだとか。

多武峯

談山神社《たんざんじんじゃ》

山の緑に囲まれた境内でロマンスを

談山神社は「関西の日光」と称されるほど紅葉の美しい場所。もし可能なら、屋形橋から旧参道を徒歩でお参りしてみよう。巨木の立ち並ぶ参道は壮観。歴史と自然を肌で感じられることうけあいだ。

絢爛豪華な本殿の参拝を終えたら、恋神社へ参拝はいかが。男女の縁を取りもつ御利益のほか、人と人を結ぶ御縁にもあやかれそう。

MAP:P77-A2 住 桜井市多武峰319 ☎0744-49-0001
備 拝観料：大人500円、小人250円 P 有

宇陀 エリア

～榛原《はいばら》・大宇陀《おおうだ》・室生《むろう》・菟田野《うたの》～

奈良県東部の山がちな土地柄か、若者たちがちょっと少ないイメージの宇陀エリア。でも、意外とUターン・Ｉターンの人々が、いい存在感を出しつつあります。それぞれみんな、土地の魅力を発見・再発見した模様です。

榛原　日本料理《にほんりょうり》　ほそかわ

長閑《のどか》な農村で日本料理のおもてなし

細川幸治さんと睦子さん夫妻が営む古民家の料理店「日本料理ほそかわ」は、１日に２組までの予約制。料理は魚と野菜を中心とした和食だ。もともと魚の小売業をしていたという細川さん。魚介類の素材の良さは間違いない。そして野菜は村のご近所さんや直売所から仕入れた旬野菜。「私は材料屋だったから素材のほうに関心が向いてしまうようですね（笑）」。古民家で、ゆっくりのんびり味わいたい。

細川さん夫妻が笑顔でお出迎え。
料理はもちろん、器も目に楽しい。

メニューは松花堂 4,320 円（平日昼 3,780 円）、懐石 6,480 円・8,640 円。

MAP:P77-B2　住 宇陀市榛原檜牧1750
☎0745-85-3009　営 予約制　休 無休
備 お茶事・お茶会できます。（８月と２月は休業）　P 有

歴史を体感！見る、観る
そして、識《し》る

榛原《はいばら》

伊勢街道の参道筋として栄えた榛原の街並み。神武東遷の伝説や高僧たちの逸話などなど、季節の彩りとともに歴史の花が咲きほころぶ。

榛原　伊那佐郵人《いなさゆうと》

伊那佐の新スポットは明るい溜まり場？

築80年の旧郵便局舎を改装したカフェがある。その名も「伊那佐郵人」。局長（オーナー）の松田麻由子さんは、壊れかけのこの建物を近しい友人から地域の大人たちまで協力者にまきこんで、ほぼ手弁当で改装。ついには国の有形登録文化財になった。かつて郵便局だった雰囲気をとどめた内装もユニークでレトロ。メニューは「ワンデーシェフ」制で、毎日、日替わりのシェフが腕をふるう。その日のメニューともども、ここは日々「要チェック」の場所だ。

MAP:P77-B2　住 宇陀市榛原比布1312　☎0745-88-9064
営 11:30～16:00　休 毎月の営業スケジュールによる　P 有

旧家だけじゃない
歴史的町並みのお楽しみ

大宇陀《おおうだ》

旧松山町は宇陀松山藩の面影を残す伝統的な街並みが自慢。近ごろは老舗の店舗に混じり、こだわりの新店舗も。

大和牛丼定食 900円

大宇陀　大和牛《やまとうし》　丼の店《どんのみせ》　件《くだん》 — kudan —

地元食材の手作り料理を江戸期以来の街並みの中で

「件-ｋｕｄａｎ-」の丼は、大宇陀の良さが凝縮された手作りのやさしい味だ。ベースとなる大和牛や醤油、葛《くず》はもちろん、定食につける煮物や漬物の野菜、地鶏も地元大宇陀で丹精込めて育てられたもの。

「できるだけ地元の食材を使って消費をすることで、微力だけど内から起こる流れを作り出したい」と語る伊田千代子さんに、お客さんの「これ、おいしいね」の声。「それはね、そこの…」。楽しい会話が広がる。

MAP:P77-B2　住 宇陀市大宇陀上新1938-1
☎ 0745-83-2680　営 木～日曜11:00～19:00　休 月～水曜休　P 無

室生　安産寺《あんざんじ》

安産寺の子安地蔵がとりなす御縁

近鉄三本松駅や道の駅宇陀路室生の近くに国の重文に指定される仏さまのお寺がある。それが安産寺の子安地蔵。霊験あらたかで毎月九日の御開扉《ごかいひ》の日には子授けや安産を祈願する人々が集まる。

寺を管理されている地元・中村地区の皆さんに大事にお守りされているお寺なので、お参りの際には地元の皆さんにご由緒《ゆいしょ》などを聞いてみよう。ココロにしみますよ。

MAP:P77-C1
住 宇陀市室生三本松中村2932　☎ 090-3268-5859（専用）
P 道の駅宇陀路室生を利用できます。
備 拝観料：志納
拝観日：初開帳、御縁日、御開扉の日（それ以外は事前予約が必要）
初開帳：1月24日 10:00-15:00
御縁日法要　8月第4日曜 13:00～21:00（夜は盆踊り有）
毎月9日 御開扉　10:00～12:00

森と人と神仏に愛される
土地、それが室生

室生《むろう》

室生寺が創建される前から、ここは聖地。人の生活に潤いを与える竜神さんと、願いを託す人々の共存のかたちが脈々と継がれる。

なるか？「郡（こおり）の
はじまり菟田野から」復刻

菟田野《うたの》

古の時代、さまざまな産業が興り一大市場を形成した菟田野。今、かつての賑わいを彷彿とさせる出来事があちこちに。

菟田野　西昭和堂《にししょうわどう》

みんなが大好きな味、みたらし団子

創業昭和２年。西昭和堂のみたらし団子の味は一子相伝だ。「何代続いても変わらない風味を守るため素材を吟味しています」と3代目の西家泰秀さん。

少しこげて香ばしくなった団子に秘伝の蜜がからまる。みんなが大好きなその味に人は誰しも虜になってしまう。そんなみたらし団子を店内のテーブル席でできたてを味わうこともできる。熱々はもちろん、冷めても美味しいから、気のおけないあの人へのお土産にも最適だ。

MAP:P77-B2　住 宇陀市菟田野古市場1254　☎ 0745-84-3924
営 9:00～19:00　休 木、第4水曜休　P 有

みたらしだんご1本90円

等彌神社《とみじんじゃ》

大和入りを果たして初代天皇に即位した神武天皇が大嘗祭《だいじょうさい》を執り行った霊畤《れいじ》（鳥見山山頂）が伝えられている神社。境内から霊畤への登拝は自由にできる。境内から出土したヤタガラスの神像（通称）を模した授与品がおもしろい。

MAP:P77-A2
住 桜井市桜井 1176
☎0744-42-3377　P有

宇賀神社《うかじんじゃ》

神武天皇に反抗し討とうとした兄宇迦斯《えうかし》と、味方した弟宇迦斯《おとうかし》という兄弟の本拠地と伝わる。兄宇迦斯が征伐された跡「血原《ちはら》」という旧地名が同地にあり、記紀神話を今につなぐ伝承地である。

MAP:P77-B2
住 宇陀市菟田野宇賀志 1096　P無

神武さんの御蹟《みあと》

日本の初代天皇。神武東遷（征）は、
神武天皇が九州の日向を発ち、
道中の国々を言向（ことむ）け和（やわ）して進み、
大和の橿原宮で即位するまでを記した説話。
桜井・宇陀エリアは、神武東遷の伝説が
多く残されている場所である。

問い合せ：宇陀市観光協会 0745-82-2457

桜実神社《さくらみじんじゃ》

記紀にあらわされている「菟田《うだ》の高城」の伝承地。境内の本殿横の巨木は「八房杉」と呼ばれていて、神武天皇お手植えの杉だとの伝承もある。

MAP:P77-B2
住 宇陀市菟田野佐倉 764　P有

都賀那岐神社《つかなきじんじゃ》（伊那佐山山頂）

戦いに疲れ果てた神武天皇の一行はこの山に潜み、援軍を求める和歌を詠んだと記紀に伝える。

「楯並めて　伊那瑳の山の　木の間ゆも
い行き瞻らひ　戦えば　我はや飢ぬ
嶋つ鳥　鵜飼が徒　今助けに来ね」

MAP:P77-B2
住 宇陀市榛原山路 335　P無

八咫烏神社《やたからすじんじゃ》

吉野山中で道に迷った神武天皇一行を先導して勝利に貢献したといわれている八咫烏（建角身命《たけつぬみのみこと》）を祀る。境内から東方を仰げば伊那佐山が美しく山裾《やますそ》をひろげている。

MAP:P77-B2
住 宇陀市榛原高塚 42　P有

大和の竜神信仰は室生に源流あり

室生の里は龍神信仰の里である。
室生龍穴神社《むろうりゅうけつじんじゃ》、そしてその奥の宮とも目される吉祥龍穴。
ここは龍王の住む場所として神聖視され、
古代の水神信仰の根源をなす場所。
この他、室生には竜神（＝水の神）の信仰に基づいた
神社仏閣が点在する。
龍神の棲む水の郷をぐるりとドライブで周遊してみては。

問い合せ：宇陀市観光協会0745・82・2457

室生龍穴神社《むろうりゅうけつじんじゃ》

祭神は高龗神《たかおかみのかみ》で、古くは善女竜王と伝えられてきた。善女竜王とは文字通りにとれば仏教の守護神をさすが、日本古来の水神信仰が大陸文化の影響によって転化したものであると考えるのがふさわしそう。

MAP:P77-C1　住 宇陀市室生 1297　P 無

無山寺《むやまでら》

融通念仏宗の寺院。本尊は薬師如来。かつては真言宗豊山派であったと伝わる。境内には本堂・宝蔵・西念堂・弁才天社などがあって、現本堂は明治15（1882）年に再興されている。本堂の屋根には「水」の文字。西念堂には、西念の像を安置している。近世まで日照りになると堂内の西念像を籠に乗せて龍穴神社まで運び、祈雨行事が行なわれていたのだとか。

MAP:P77-B1　住 宇陀市室生無山 406　P 無

龍鎮神社《りゅうちんじんじゃ》

ご祭神は九頭竜王。宇陀市榛原荷阪から注がれる清流の淵に巨岩があり、それを背に鳥居と社が祀られている。この社は、元は大野地区に祀られていたが、あるとき山手から汚水を流したので、怒った竜神は大野地区から見れば南方の山深い清流に移られたと言い伝えられている。

MAP:P77-C1　住 宇陀市榛原荷阪　P 無

白岩神社《しらいわじんじゃ》

宇陀市榛原赤埴の佛隆寺に隣接して祀られている。ご祭神は須勢理姫《すせりひめ》命。本殿向かって左の石室（重要文化財指定）の内部には鎌倉時代の五輪塔がある。貞観9（867）年に入定した佛隆寺の僧・堅恵の墓といわれている。赤埴《あかばねけ》家の系譜や旧記に「須勢理姫命が宇陀の室生の岩窟に入り、五百引の石で岩戸の口を赤埴で窟ふさいだ」という故事も。「善如竜王」の石灯篭が残されている。

MAP:P77-C2　住 宇陀市榛原赤埴 1681　P 無

吉祥龍穴《きっしょうりゅうけつ》

龍王の住む場所として神聖視され、古代の水神信仰の根源をなす場所。深い森の中、一枚岩の滑滝から豊かな水が竜穴をかすめ絶え間なく落ちていく。自然の美しさと畏怖の念を感じずにはいられない。

MAP:P77-C1　住 宇陀市室生　P 無

味坂比売命神社《みさかひめじんじゃ》

ご祭神は、味坂比売命。龍鎮神社のさらに上流に鎮座。伝承によれば昔は味坂比売命神社から室生龍穴神社へ渡御の儀式があったという。瑞垣内には「龍王大明神」の石灯篭が。一説によると『神名帳考証』に「味坂村須勢理姫命云々」とあり須勢理姫命がご祭神であるともされている。

MAP:P77-C1　住 宇陀市榛原荷阪 32　P 無

「地どりそば」2,350円は季節の野菜を使った小鉢やみそ汁、そばもちなどとのセット。

④ 室生 伽藍洞《むろうがらんどう》

香り際立つ石臼挽き手打ちそば 希少な大和地鶏も味わえます

全国から集めた土鈴や藍染めの夜具を活かしたタペストリーなどが飾られた蕎麦処。北海道産のそばの実を石臼挽きした手打ち蕎麦は、蕎麦本来の甘みと爽やかな香りが印象的だ。ステーキ風に焼いた大和地鶏が蕎麦の上に乗った地どり蕎麦は、黒コショウとそばの風味が見事にマッチした独創的な逸品。

MAP:P77-C1
住 宇陀市室生三本松 4352-2　☎ 0745-92-5130
営 10:00～15:00、夜は要予約
休 木・金曜休　席 40席　P 20台

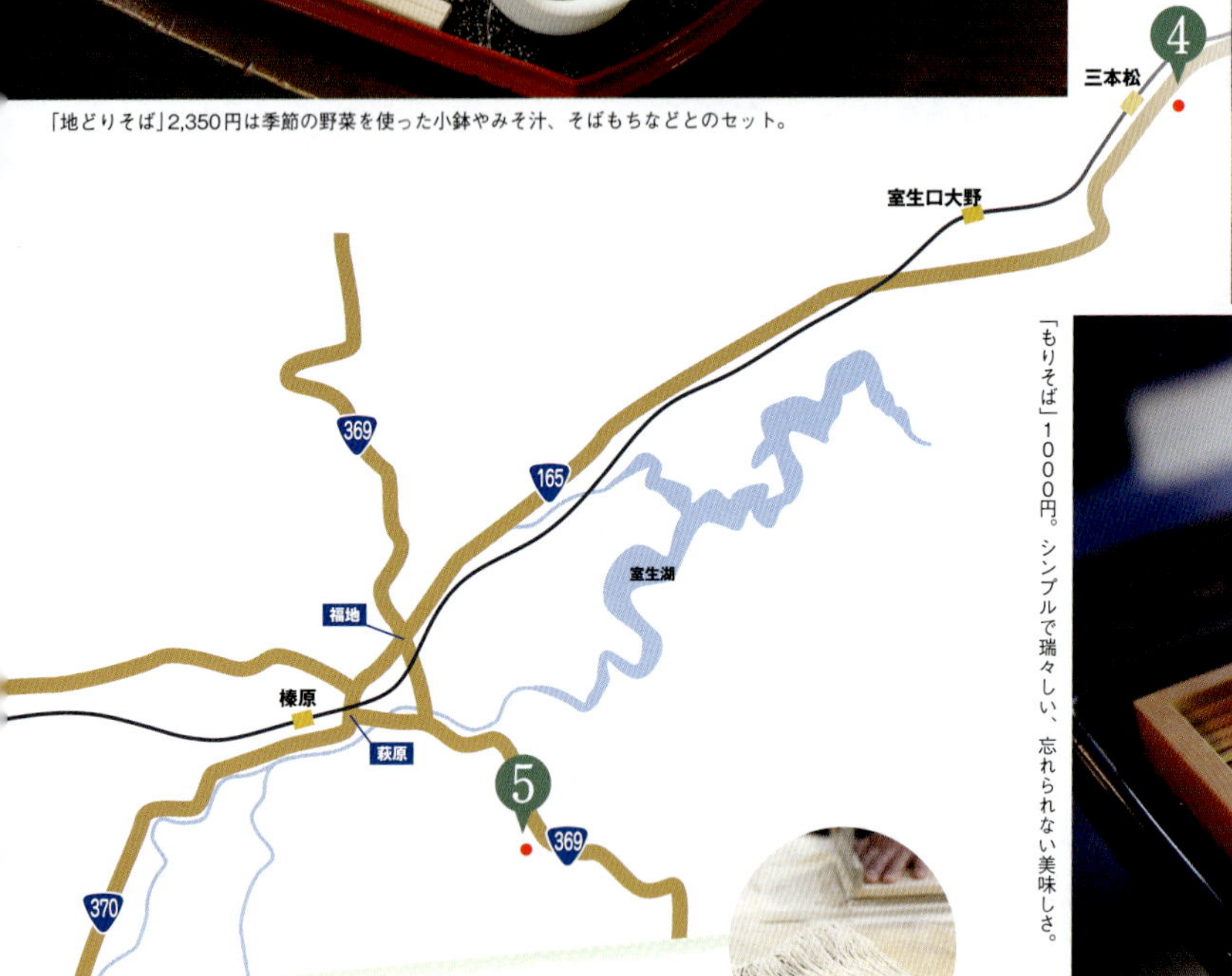

「もりそば」1000円。シンプルで瑞々しい、忘れられない美味しさ。

そば天国!!

奈良には評判のそば屋がたくさんありますが、なかでも宇陀・桜井エリアの充実ぶりには目を見張るものがあるんです。つるるっと旨いハシゴそば、いかがでしょう！

⑤ 一如庵《いちにょあん》

清廉な風味に思わず唸る山間の古民家で手繰る絶品そば

築150年の重厚な民家を改装した蕎麦処。そばの実の特性に合わせて粉の挽き方を調整し、独自の配合で仕上げた蕎麦は、鼻に抜けるほのかな香りと素材そのものの甘みが涼やかな余韻を感じさせてくれる。蕎麦に小鉢や前菜などが付く一の膳など、精進料理をベースにしたコースも人気。コースはいずれも要予約。

MAP:P77-B2
住 宇陀市榛原自明1362　☎ 0745-82-0053
営 11:00～14:30、17:00～20:00（夜は前日までに要予約）
休 火曜、第1・3月曜休　席 20席　P 8台

おそばもいいけど うどんもね！

意外な組み合わせ＆予想外のしっくりさ！な「釜バター」430円。

⑥ ぶれーど・う《ぶれーどう》

ロードサイドの小屋は まさかの激ウマうどん店

うっかりしていると通り過ぎてしまいそうな小屋に、うどん好きがわざわざやってくる。いたって親切な店主が打つうどんは、コシがあってつやつやで、つるん！と喉を通る一級品。定番メニューはもちろん、釜揚げうどんにバターとしょうゆをからませていただく少々風変わりな一品「釜バター」が、これまた癖になる味わいだ。

MAP:P77-A2
住 桜井市出雲1210-1　☎ 090-1248-3488
営 12:00～15:00（売切れ次第終了）
休 火曜、第1土曜休　席 13席　P 6台
http://bld-udon.jammon-t-shirt.com/

❶ 荒神の里《こうじんのさと》　笠そば処《かさそばどころ》

山上に広がるそば畑を眺めつつ地元育ちのそばをいただこう

地元地区のそばの実を使用したそばを味わえる店。石臼で丹念に挽いた一番粉と二番粉を使用した挽きぐるみのそばは、爽やかに喉を通り抜けた後、優しい香りが口に広がる。お店からはそば畑が一望でき、花の見頃を迎える9月中旬頃が特に美しい。施設内にはそば打ち体験や地元産の野菜の販売所もあり。

MAP:P77-A1
住 奈良県桜井市笠4408　☎ 0744-48-8410
営 10:00～16:00（直売所は9:00～）
休 水曜休（祝祭日と28日は営業）、12月30日、31日
席 104席　P 100台

ふんわり卵がのって優しい味の「梅とじそば」（並）670円（大）950円。

店名にもなっている「そばがき」700円（写真左）。「ざるそば」は650円（同右）。

❷ 蕎麦がき屋《そばがきや》

モチフワ食感のそばがきと正統派の十割そばを堪能

店名にもなっている蕎麦がきと、のど越しのよい十割そばが二枚看板。粉の密度を高くし、風味豊かに仕上げた蕎麦がきは、モッチリとしつつもフワッと軽やかな食感がヤミツキになる。そばはオーソドックスなざるそばのほか、山かけやおろし、天ざるなど肩肘はらずにいただけるメニューが揃う。

MAP:P77-A2
住 桜井市粟殿641-2
☎ 0744-42-6886
営 11:30～14:30（L.O）、17:30～20:30（L.O）
休 木曜休
席 22席　P 有

オムライス880円（写真左上）、パンプキンケーキ380円（同右）、ざるそば850円。

❸ 手打そば&Cafe　まほろば《てうちそばあんどかふぇまほろば》

本格そば＋お気軽カフェメニューの気さくさこの上ない店へ

売切れ御免の手打そば専門店としてスタートするも「完売後に訪れたお子様の残念そうな顔が忘れられなくて」オムライスなどの軽食を追加。その後、コーヒーやケーキなどバラエティ豊かなメニューが揃う現在の形に。福井産と奈良・明日香産のそば粉を使い、細麺に仕上げたそばは軽やかな口当たりが心地よい。

MAP:P77-A2
住 桜井市脇本735-13　☎ 0744-44-2269
営 11:30～20:00（17:00～は要確認）　休 火曜休　席 16席　P 4台

何度でも訪ねたい山手のお寺の仏さまダイジェスト！

奈良で拝んできました。

すばらしい仏像の宝庫・奈良。あまりに充実しているばかりに
「どこに拝みに行こうか」迷うこと必至です。
そこで、奈良情報てんこもりの人気サイト「奈良に住んでみました」の
中の人であり、大の仏像好きであるnakaさんに、
「ちょっと足を伸ばしてでも、ぜひ拝観したい仏さま」を
４つの山手エリアから選んでもらいました！

消しゴム版画

文　naka（奈良に住んでみました）
超人気奈良ブログ「奈良に住んでみました」の中の人。奈良のことを検索したら、このサイトにヒットしたという経験をお持ちの方も多いことでしょう。http://small-life.com/

消しゴム仏像版画　つまびきや
消しゴム版画作家。奈良の風物などをモチーフに制作活動を行っている。作品が消しゴム版画だと聞いて、たいていの人が驚く緻密で正確な画風。http://tsumabikiya.tumblr.com/

室生寺《むろうじ》　十一面観音立像《じゅういちめんかんのんりゅうぞう》【国宝】

文化財の仏さまがずらりと並ぶ金堂の中でも、幼い表情をなさった十一面観音像は特に人気。古くから女性の参拝が認められ「女人高野」と呼ばれたお寺だけに、祀られている仏さまも優美でたおやか。弥勒堂・釈迦如来坐像は、どっしり力強い体躯のイケメン。素晴らしい仏さまの宝庫です！

MAP:P77-C1
住宇陀市室生78　☎0745-93-2003
開8:00～17:00（12月～3月は9:00～16:00）　¥大人600円　子ども400円
P300台（600円）　http://www.murouji.or.jp/

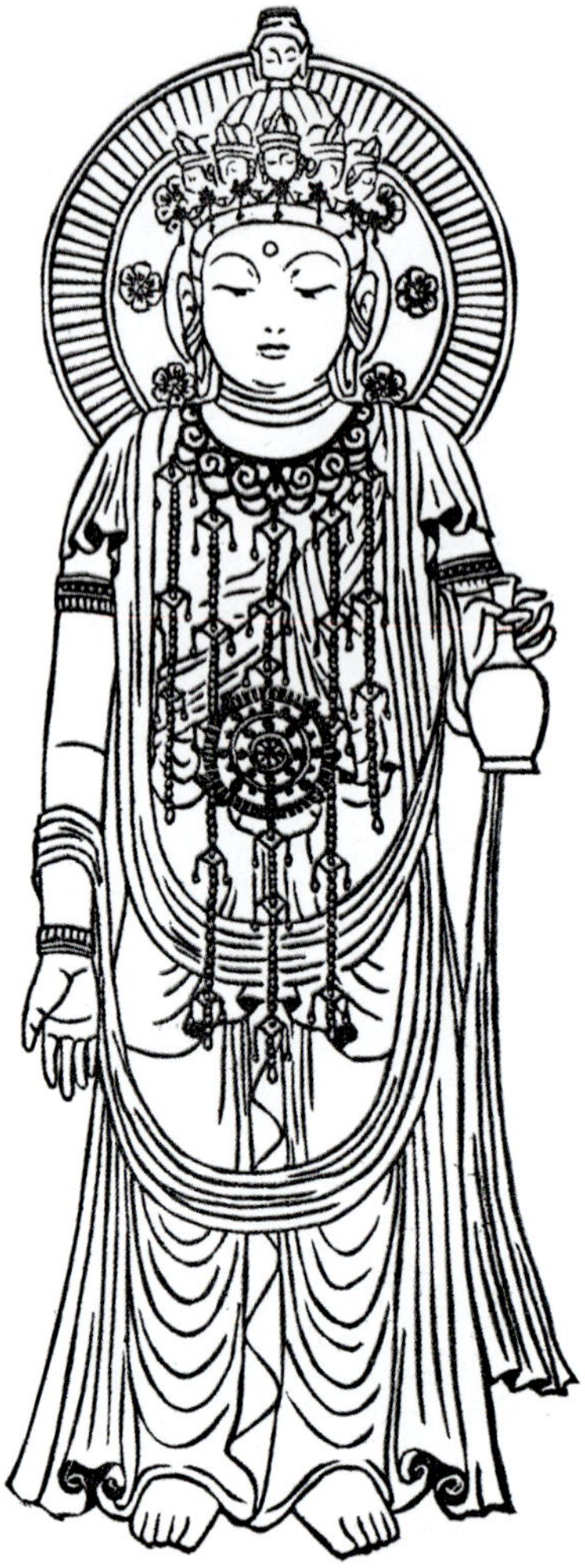

やさしく
愛らしい顔立ちの
十一面観音さま。思わ
ずつっつきたくなるよ
うな頬が魅力的
ですよね。

大野寺《おおのじ》　弥勒磨崖仏《みろくまがいぶつ》【国史跡】

春には境内いっぱいにしだれ桜が咲く大野寺。川をはさんだ大岩壁に、高さ約11メートルの巨大な「磨崖仏《まがいぶつ》」が刻まれています。掘られたのは鎌倉時代のこと。危険な岩場でどうやって作業したのか、想像するだけでも怖くなります！

MAP:P77-C1
住奈良県宇陀市室生大野1680　☎0745-92-2220
開8:00～17:00（冬季は16:00まで）
¥大人300円、小学生以下無料　桜開花時は400円　P20台（無料）

聖林寺《しょうりんじ》　十一面観音立像《じゅういちめんかんのんりゅうぞう》【国宝】

奈良時代末期（8世紀末）に造られた、2メートルを超す大きな仏さま。明治時代の研究者フェノロサが褒め称え、『古寺巡礼』を著した和辻哲郎は「天平彫刻の最高傑作」と評しました。この世のものとも思えないほどの完璧な造形美で、「この仏さまが一番好き」という方も多い傑作です。

MAP:P77-A2
住奈良県桜井市下692　☎0744-43-0005　開9:00～16:30
¥大人400円、小学生200円、マンダラ展（11月1日～30日）開催時大人500円、小学生250円　P20台（300円）
http://www.shorinji-temple.jp/

長谷寺《はせでら》　十一面観音立像《じゅういちめんかんぜおんぼさつりゅうぞう》【重文】

清少納言も詣でた初瀬《はせ》の古刹。10メートルを超える大きな十一面観音像がご本尊です。普段は遠くからお顔の一部を拝見するだけですが、春と秋の特別公開の際には、観音さまの御足に直接触れることができます。真下から見上げるお姿は大迫力！人生観が変わるほどの貴重な体験になるかも。

MAP:P77-A1
住桜井市 初瀬731-1　☎0744-47-7001　開4月～9月は8:30～17:00、10月～3月は9:00～16:30※期間により変動あり
¥大人500円、中高生500円、小学生250円　P70台（500円）
http://www.hasedera.or.jp/

スーパースター揃い踏み！
in 山辺の道〜桜井・宇陀エリア

長岳寺　阿弥陀三尊像【重文】
（ちょうがくじ　あみださんぞんぞう）

平安時代末期に造られた、力強い量感の阿弥陀三尊像。中心には阿弥陀如来像が、その左右に片足を太もも近くに乗せた半跏像の観音・勢至菩薩がお護りしています。仏さまの瞳に水晶を用いる「玉眼」という手法が使用された日本最古の仏さま。吸い込まれそうな美しい眼差しです。

MAP:P77-A1
奈良県天理市柳本町508　0743-66-1051
9:00〜17:00（受付は17:00まで）　大人350円、高・大生300円、中学生250円、小学生200円　30台（無料）　http://www.chogakuji.or.jp/

脇侍を従え大きな獅子にまたがる壮麗なお姿は、とても悠然としていてどこかの国の王子のようにも見えます。

安倍文殊院
文殊菩薩騎獅像（渡海文殊）【国宝】
（あべもんじゅいん　もんじゅぼさつきしぞう（とかいもんじゅ））

巨大な獅子にまたがった、高さ7メートルの大きな仏さま。鎌倉時代の大仏師・快慶の作で、涼やかで端正なお顔立ちです。脇の4体を従えて海を渡る「渡海文殊」という形式で、2013年に一括して国宝に指定されました。手を合わせて振り返った、可愛らしい「善財童子像」も必見！

MAP:P77-A2
奈良県桜井市阿部645　0744-43-0002
9:00〜17:00（受付は16:40まで）
本堂国宝文殊菩薩　拝観料（お抹茶・菓子付）大人（中学生以上）700円、小学生 500円　200台（500円）　http://www.abemonjuin.or.jp/

安産寺　子安地蔵菩薩【重文】※拝観は要予約
（あんざんじ　こやすじぞうぼさつ）

古くは上流の室生寺に祀られていた像で、宇陀川が増水して流れ着いたこの地で動かなくなったと伝わります。お地蔵さまには簡素な造形のものが多いですが、ボリュームのある堂々としたお姿です。地元の方たちが管理しているため、拝観の際には事前予約が必要です。素朴な山里の雰囲気も味わってください。

MAP:P77-C1
宇陀市室生区三本松中村　090-3268-5859（鎌田さん）
御縁日の8月第4日曜、毎月9日の午前中に開扉　それ以外の日は予約で拝観可　拝観料は志納　5台

大陸の風、今もなお

in 飛鳥エリア

伏し目がちな
その表情は、一心に
衆生のことを考えてい
らっしゃるからでしょう
か…悠然とした雰囲気
がとても素敵です。

岡寺《おかでら》 如意輪観音坐像《にょいりんかんのんざぞう》【重文】

日本最古の如意輪観音像であり、日本最大の塑《そ》像《ぞう》（土でできた仏像）。5メートル弱という大きな像です！大きな仏像は壊れやすいものですが、1200年以上もこのお姿のまま明日香を見守ってくれています。インドや中国など、大陸の雰囲気を感じさせる表情が、かつての国際都市・飛鳥らしいですね。

MAP:P40-B2
住 高市郡明日香村岡806　☎0744-54-2007
開 3月～11月は8:00～17:00、12月～2月は8:00～16:30　¥大人300円、高校生250円、中学生150円、小学生以下無料　P 77台（500円）

橘寺《たちばなでら》　如意輪観音坐像《にょいりんかんのんざぞう》【重文】

聖徳太子が生まれた場所に建つ、ゆかりのお寺。観音堂に祀られている如意輪観音坐像は、平安時代末期の作。6本の腕を持ち、やや物憂げにゆったりと座している、とても美しい仏さまです。本堂の聖徳太子坐像、観光シーズンに公開される日羅上人立像《にちらしょうにんりゅうぞう》などにもお会いできます。

MAP:P40-B2
住 高市郡明日香村橘532　☎0744-54-2026
開 9:00～17:00（受付は16:30まで）　¥大人 350円、中高生300円、小学生150円　P 20台（無料）
http://tachibanadera-asuka.jimbo.com/

飛鳥寺《あすかでら》　飛鳥大仏《あすかだいぶつ》【重文】

日本最古の本格的なお寺である飛鳥寺。ご本尊も現存最古の仏さまです。609年の製作と考えられており、誕生からすでに1400年以上も経っています。ただし、大部分が後から作り直されていて、当初のままなのは、顔の一部、左耳、右手の指3本だけだとか。写真撮影できないお寺が多い中、飛鳥寺は撮影可能。嬉しいですね！

MAP:P40-B2
住 高市郡明日香村大字飛鳥682　☎0744-54-2126　開 4月～9月は9:00～17:30　10月～3月は9:00～17:00（受付は終了の15分前まで）
¥大人350円、中高生250円、小学生200円　P 20台（500円）

壺阪寺《つぼさかでら》（南法華寺）《（みなみほっけじ）》　十一面千手観音像《じゅういちめんせんじゅかんのんぞう》【重文】

眼病に霊験あらたかな、西国三十三所霊場の札所のお寺。室町時代に造られたご本尊は、11面のお顔と42本の手を持ち、眼をかっと見開いた大陸風のお顔立ちです。境内にはインドからやって来た全長20メートルの石像や、8メートルの涅槃《ねはん》仏も。次々に色んな仏さまが現れ、まるでテーマパークのよう！

MAP:P53-A1
住 高市郡高取町壺阪3　☎0744-52-2016　開 8:30～17:00（受付は16:30まで）
¥大人600円、高校生以下100円、5歳以下無料　P 80台（500円）
http://www.tsubosaka1300.or.jp

石光寺《せっこうじ》　弥勒石仏《みろくせきぶつ》

日本最古と言われている石仏です。開山当時のご本尊（現在は阿弥陀様）だそうで、何と白鳳時代のもの！ プリミティブでちょっと愛嬌のあるお顔です。頭部・銅などの各パーツに崩れていますが、それぞれは良好な状態。当時のお姿を想像しながら手を合わさせていただきましょう。特別開帳の際に拝観できます。

MAP:P19-A1
住 葛城市染野387　☎0745-48-2031　開 8:30～17:00（12月～3月は9:00～16:30）　¥大人400円、小学生200円
P 30台（無料）　http://sekkouji.or.jp/

阿日寺《あにちじ》　大日如来坐像《だいにちにょらいざぞう》【重文】※拝観は要予約

像高94cm、樟材を用いた一木造で、平安時代中期のもの。全体的に細身で、両腕を外に張り出しているのが特徴ですね。まさに「シュッとした」という言葉が似合うお姿。引き締まった端正な顔立ちで、少しだけ微笑んでいらっしゃるようにも。円光背も見事で、とても美しい仏様。本堂のお詣りは事前予約が必要です。

MAP:P19-A1
住 香芝市良福寺361　☎0745-76-5561
開 9:00～12:00（要予約）、水曜休　¥拝観料は無料　P 10台（無料）

置恩寺《ちおんじ》 十一面観音立像《じゅういちめんかんのんりゅうぞう》【重文】※拝観は要予約

平安時代中頃の造像で、像高172cmと等身大の尊像です。左足に重心をのせ、右足の膝を軽く前に出していて、リラックスした感じが伝わってくるよう。穏やかな表情に衆中《しゅちゅう》を包み込む慈悲が溢れています。無住寺の収蔵庫に、これだけの美仏がいらっしゃるのは、さすが奈良！ 本当にすごいことだと思います。

MAP:P19-A2
住 葛城市寺口706　☎0745-48-2811（葛城市商工観光課）
開 予約拝観　¥拝観料は志納　P 近隣駐車スペースあり

修験の山ならではの迫力

in 吉野エリア

ゆらめく火焔光、
厳しいまなざしの
お顔。像高は1メートル
足らずと小さめですが、
迫力のある
仏さまです。

如意輪寺《にょいりんじ》 金剛蔵王権現立像《こんごうざおうごんげんりゅうぞう》【重文】

厨子の中においでになる像高85㎝の仏さま。眼光、振り上げた手、高く踏み出す足などの様は並々ならぬ躍動感で、サイズ以上の迫力が。その姿の中に強い決意と慈悲心を漲らせておいでで、誰しも「カッコイイ！」と思わずにいられないのでは。光背や厨子なども良い保存状態で、トータルでの美しさも感じます。

MAP:P53-B1
住 吉野郡吉野町吉野山1024　☎0746-32-3008
開 9:00～16:00（受付は15:30まで）　※観桜期は7:00～17:00
¥ 大人400円、中高生200円、小学生100円
P 200台（1,000円）　※桜の季節は交通規制あり
http://www.nyoirinji.com/

櫻本坊《さくらもとぼう》 役行者神変大菩薩《えんのぎょうじゃじんぺんだいぼさつ》【重文】

山伏文化の粋とも言うべき宝物が多く伝わる大海人皇子ゆかりの寺院・櫻本坊。その中で鎌倉彫刻の最高峰とされるのが役行者神変大菩薩さま。多くの役行者像が鋭い眼差し、修行の厳しさを感じさせる体つきなのと比べ、ふっくらとした頬に穏やかな笑みを浮かべておいでにも見えますね。

MAP:P53-A2
住 吉野郡吉野町吉野山1269
☎0746-32-5011
開 8:30～17:00（受付は16:30まで）
¥ 中学生以上400円（特別開帳中は600円）
P 10台（無料）
http://www.sakuramotobou.or.jp/

金峯山寺《きんぷせんじ》 金剛蔵王大権現《こんごうざおうだいごんげん》【重文】

過去・現在・未来の三世を救済するためにあらわれた蔵王大権現像三体を本尊とする金峯山寺蔵王堂（国宝）。人の目に触れない秘仏として祀られていますが、国宝仁王門修理勧進のため平成24年度から10年間の毎年一定期間、この全身真っ青の日本最大級の秘仏本尊金剛蔵王大権現の特別ご開帳が行われ、尊いお姿を拝観することができます。

MAP:P53-A1
住 吉野郡吉野町吉野山2498　☎0746-32-8371　開 8:30～16:30（受付は16:00まで）
¥ 大人500円、中高生400円、小学生300円　特別開帳時　大人1,000円、中高生800円、小学生600円　P 下千本駐車場を利用　100台（無料　※桜の季節は1500円）
http://www.kinpusen.or.jp

隠れ名仏ここに在り

in かつらぎエリア

あごひげを
生やしたいぶし銀な
仏さま。踏まれている
邪鬼たちもチャーミング
なので注目してほしい
ポイントです。

當麻寺《たいまでら》 四天王像《してんのうぞう》【重文】

飛鳥時代後期に造られた、日本で2番目に古い四天王像。古い時代のものなので、ポーズは大人しく「静」のイメージです。しかし、漆《うるし》などを用いているため造形が細かく、細かいあごひげも残っています！渋くてニヒルな二枚目ぞろい。堂内中央の「弥勒菩薩坐像」（国宝）も日本最古の塑像（土で作った像）として貴重。

MAP:P19-A1
住 葛城市當麻1263　☎0745-48-2001（中之坊）
開 9:00～17:00　¥ 境内無料、伽藍（本堂・金堂・講堂）500円
P 近隣市営・民営駐車場利用（有料）
http://www.taimadera.org/（當麻寺中之坊）

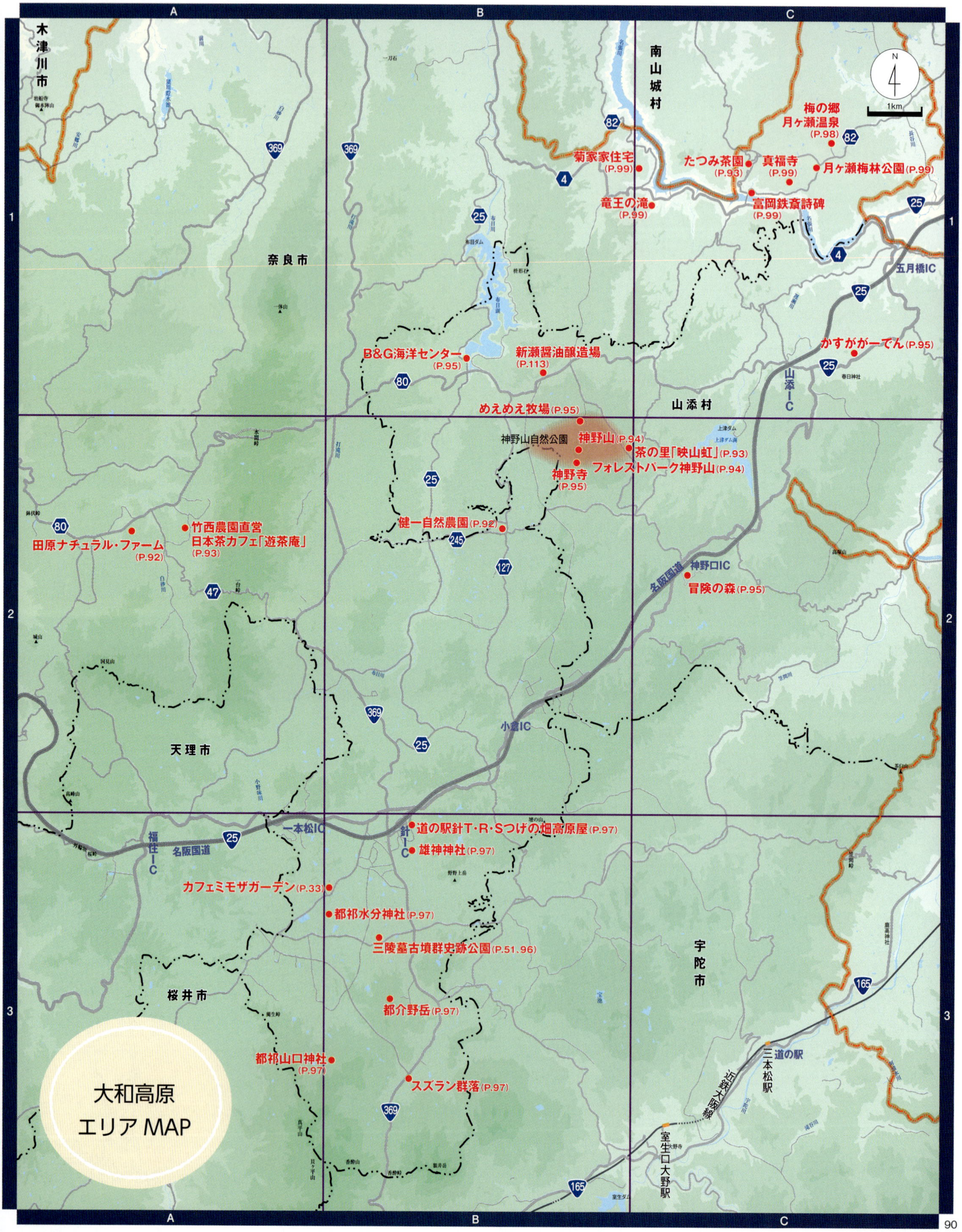
大和高原
エリア MAP
木津川市
南山城村
奈良市
山添村
天理市
桜井市
宇陀市
梅の郷
月ヶ瀬温泉
(P.98)
菊家家住宅
(P.99)
たつみ茶園
(P.93)
真福寺
(P.99)
月ヶ瀬梅林公園(P.99)
竜王の滝
(P.99)
富岡鉄斎詩碑
(P.99)
五月橋IC
かすががーでん(P.95)
B&G海洋センター
(P.95)
新瀬醤油醸造場
(P.113)
山添IC
めえめえ牧場(P.95)
神野山自然公園
神野山(P.94)
茶の里「映山紅」(P.93)
フォレストパーク神野山(P.94)
神野寺
(P.95)
健一自然農園(P.92)
田原ナチュラル・ファーム
(P.92)
竹西農園直営
日本茶カフェ「遊茶庵」
(P.93)
名阪国道
神野口IC
冒険の森(P.95)
小倉IC
一本松IC
福住IC
道の駅針T・R・Sつげの畑高原屋(P.97)
針IC
雄神神社(P.97)
カフェミモザガーデン(P.33)
都祁水分神社(P.97)
三陵墓古墳群史跡公園(P.51.96)
都介野岳(P.97)
都祁山口神社
(P.97)
スズラン群落(P.97)
道の駅
三本松駅
近鉄大阪線
室生口大野駅
1km
N
A
B
C
1
2
3

大和《やまと》高原《こうげん》は、天空の里。

平城《なら》の都が、まだ湿地だった頃、
大和高原には国が生まれていたといわれています。
標高400mから600mに届く天空の里。
そこには縄文から続く、大和の原風景が色濃く残っています。
寒暖の激しい気候がつくる四季のゆたかな表情、
大和朝廷から遠く離れた土地に咲いた独特な文化。
あまり知られてこなかった、もうひとつの奈良を探しに出かけませんか。

東善仁
奈良市荻町（旧都祁村）生まれ。コピーライター、ディレクター。
大阪市在住ながら、地元の大和高原や宇陀、吉野で知り合った仲間と仕事づくりやイベントづくりを行っている。ソーシャルデザインポータルサイトgreenz.jpにて奈良の女性の起業を記事にした「ママごと・しごと・じぶんごと」を連載中。

天空の茶畑を求めて、大和茶をめぐる冒険。

奈良県東部の大和高原は、古くからのお茶の産地です。そこは標高が５００ｍを超える天空の茶畑。寒暖の激しい高地で栽培された「大和茶」は、薫りが良く、スッキリとして喉の奥に甘みが残ります。日本のお茶の源流とも言われる「大和茶」をいろいろなスタイルで味わいながら自分好みのお茶を探してみませんか。

お茶にしませんか？

土の力が素直に生きた「大和茶」の原点

健一自然農園《けんいちしぜんのうえん》

「大和茶は、日本茶の原点」と語る代表の伊川健一さんは、大和高原に移住して自然農法でお茶をつくりはじめて10数年。1200年前と同じ方法で自然に逆らわないお茶づくりを続けています。針テラスの「高原屋」などで購入することができるほか、予約制で茶摘み体験や、和紅茶づくりなどのイベントも開催。

MAP:P90-B2
住 奈良市下深川町 669
☎ 0743-84-0790（訪問の際は事前連絡が必要）　P 無

お茶畑と農体験を楽しめる集いの場

田原ナチュラル・ファーム《たわらなちゅらるふぁーむ》

ピクニック気分でお茶摘み体験や農業体験ができる田原ナチュラル・ファームでは不定期で季節に応じた農体験イベントを開催。また予約すれば家族やお友達と貸し切りでくつろぐこともできます。自然農法を勉強したオーナーの高島さんとファームメンバー「ゆいの会」でつくるお茶の販売も。

MAP:P90-A2
住 奈良市茗荷町　☎ 0742-36-5385（高島）要事前お問い合わせ
P 無

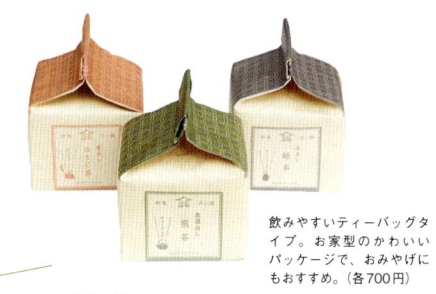

飲みやすいティーバッグタイプ。お家型のかわいいパッケージで、おみやげにもおすすめ。（各700円）

屋根の下で、楽しむ 縁側の「家の味」

たつみ茶園《たつみちゃえん》

お茶に親しんでほしいと語る巽さんがつくるお茶は、煮出しほうじ茶、水出し緑茶、急須だし煎茶の３種類。喫茶スペースはありませんが、事前に予約すれば、巽さんのご自宅の一部屋で縁側に座りながら、ゆっくりお茶を楽しめます。気取らず、構えずほっこりした時間を過ごしてみませんか。

MAP:P90-C1
住 奈良市月ヶ瀬長引297　☎0743-92-0669（要予約）　P 無

茶の里「映山紅」《ちゃのさとえいざんこう》

県立月ヶ瀬神野山自然公園のなかにある映山紅の名物ランチは「茶がゆ」。番茶を使った茶がゆは「おかいさん」とも呼ばれる郷土料理のひとつです。展望台から高原の絶景を眺めながらご飯をいただいた後は、店内で販売されている大和茶を使ったコスメなども手にとってみてください。

MAP:P90-B2
住 山添村伏拝888-1　☎0743-87-0670（要予約）
営 9:00〜16:00　休 水曜休（祝日の場合は翌日）　P 有

新鮮野菜と名物「茶がゆ」のご当地ランチ

茶がゆセット
760円

お茶とケーキセット800円

竹西農園直営《たけにしのうえんちょくえい》 日本茶カフェ「遊茶庵《ゆうちゃあん》」

無農薬でお茶を栽培する竹西農園では、かつての農作業小屋をリニューアルしたカフェでお茶を使ったケーキやランチを頂けます。店内から見えるのは映画の舞台にもなった田原地区の豊かな里の風景。1階には暖炉を備えた吹き抜けのスペースもあり、ときおり演奏会などのイベントも開催されています。

MAP:P90-A2
住 奈良市中之庄町458　☎0742-81-0383
営 10:00〜17:00（要予約）　休 不定　P 有

映画「殯《もがり》の森」のロケ地を眺めて、お茶ランチ

謎の巨石と、山添《やまぞえ》の自然遊び。

山添村の神野山《こうのやま》に登ると目を疑う不思議な巨石の河と出会います。まるで天の河のように続く巨石群。この鍋倉渓はとても自然現象とは思えません。かといって人の手でつくるのは到底不可能。なかには、古代の星信仰と密接に関係しているという説もあります。実は夏の大三角形をつくる星たちと同じ位置にも巨石が発見されています！

【フォレストパーク神野山　問い合わせ先】
MAP:P90-B2

神野山観光協会
住 山辺郡山添村大字伏拝888-1　☎0743-87-0285
営 9:00〜16:30　休 水曜休（水曜が祝日の場合は翌日）

山添村観光協会
住 山辺郡山添村大字大西151　☎0743-85-0081
営 8:30〜17:15　休 水・木曜休

※フォレストパーク内各所に駐車場あり

Flie.01

地上に描かれた星座？それとも、天狗のしわざ？

山添村に点在する巨石群はGPSの調査などにより、星座をつくる星たちと重なることがわかっています。夏の大三角形に対応する巨石が王塚＝デネブ、天狗岩＝アルタイル、八畳岩＝ベガ、天の川が鍋倉渓。地元では昔から神野山の天狗と伊賀の天狗が岩を投げ合ってできたのが鍋倉渓と伝えられてきたましたが、そこに新しい古代のロマンが加わりました。

1 神野山《こうのやま》　山頂 MAP:P90-B2

360°パノラマの絶景で奈良東部を一望

標高618.8mの神野山は周囲に遮るものが何もなく、山頂は360℃のパノラマ絶景です。県立自然公園に指定されている山は、1年中を通してハイキングの人気スポットのほか、夜は星空観察で知られた隠れスポット。また、5月には山頂でツツジが咲き誇り、つつじ祭りが開催されています。

関西初の「森のセグウェイツアー」と「樹上の冒険」

冒険の森《ぼうけんのもり》

セグウェイに乗って森のお散歩をするならここ。初心者もインストラクターの講習を受けてスグにすいすい乗れるようになります！森の奥には、約2時間の冒険アドベンチャーコースがあり、大人向け子ども向けに分かれているので、安心して遊べます。子どもに大人気のストライダー専用コースもあります。

MAP:P90-C2
住 山辺郡山添村大字三ケ谷1680　☎ 0743-87-2525
営 9:00～17:00（最終入場時間15:00）季節により変動※事前予約制です。必ずご予約ください。
P 有　料「樹上の冒険」大人・小人3,240円など

ダムの湖畔で、サマーレジャーを楽しもう！

B＆G海洋センター《びーあんどじーかいようせんたー》

奈良市と山添村の間に位置する布目ダムのほとりでカヌーやボートを楽しめる施設です。山に囲まれた渓谷や橋から眺める景色は季節のよって表情がかわり、高原の四季を堪能できます。布目湖畔では、毎年8月には花火大会、秋頃には「布目釣り大会」、12月にはマラソン大会が開かれています。

MAP:P90-B1
住 山辺郡山添村大字桐山59-1　☎ 0743-86-0447　営 9:00～16:00（4月から9月）　P 有
※事前予約制です。必ずご予約ください。

かつての保育園で、みんなで農体験

かすががーでん《かすががーでん》

旧春日保育園を再活用して生まれた「かすががーでん」では、毎月1回、楽しい農体験イベントなどを開いています。自分達で植えた農作物の収穫体験やフリースペースで竹細工のワークショップなども！家族でのお出かけに自然の中でのびのび遊ぶのもよし、将来田舎暮らしをしたい人が地元の方と交流を深めるもよし。

MAP:P90-C1　問 山添村役場　地域振興課　☎ 0743-85-0048

4 めえめえ牧場《めえめえまきば》

MAP:P90-B2

山の牧場の、かわいい羊に会いに行こう！

こんなところに牧場が！　と驚かれるかもしれませんね。50頭近い羊がかけまわる「めえめえ牧場」はフォレストパークの人気スポット。愛らしい羊たち（コリデール種とサフォーク種）が出迎えてくれます。毎年2月頃はベビーラッシュで子羊がいっぱい。入場料なしに散策できるのでハイキングついでに立ち寄れます。

営 9:30～16:30　料 無料　休 水曜休（水曜が祝日の場合は翌日）

5 羊毛館《ようもうかん》

ふわふわの羊毛加工を楽しめます！

めえめえ牧場《まきば》の羊毛を使った雑貨や織物を販売しています。また気軽に織物体験もできる牧場の工房です。昔ながらの手作業で羊毛を織り上げる体験はとても貴重で、親子で挑戦するのも楽しいものです。なかでも羊毛を使った絵本づくりのワークショップは子どもたちに人気です。

営 9:30～16:30（受付は15:30まで）　休 水曜休（水曜が祝日の場合は翌日）

2 神野寺《こうのじ》

MAP:P90-B2

山歩きの途中で、平安時代からの名刹へ

天平12（740）年に行基がひらいたとされる神野寺は、神野山の山頂から下る途中にあります。平安初期から名の知れた名刹で、秋には紅葉が満開になり、写真を撮りにこられる方もたくさんいます。「銅像菩薩半跏像」は国の重要文化財に指定されています。（現在は奈良国立博物館に寄託）

営 随時　料 無料

3 木工館《もっこうかん》

ウッドクラフトを体験！山で楽しむ工作時間

夏には夏休みの宿題をつくる子どもたちでいっぱいの木工館。施設使用料450円（ただし大型機械使用の場合は1,100円）で色々な工作道具を利用することができます。またクルマのおもちゃや小物入れなどの簡単な木工作品を、技術指導員さんのアドバイスのもとにつくることができます。森の木々に囲まれた気持ちのいい小屋で木工体験をどうぞ。

営 9:30～16:00　料 施設使用料500円（ただし大型機械使用の場合は1,100円）※完全予約制です。必ずご予約ください。　休 不定休

古代都《つ》祁《げ》国と、大和高原のお散歩。

奈良盆地に都ができるよりも前に、古代の国があった都祁地域。
そこには大和高原とよばれる日本の里山の原風景が広がっています。
小山戸《おやまと》という地名が残り、大大和《おおやまと》を連想できることから
邪馬台国を思わせる歴史ロマンもあり、
数々の史跡からはもうひとつの奈良の歴史を楽しむことができます。

おおらかな風景に
古代のロマンが
そっと溶け込む

「つげまろ」くんが、
お出迎え。古代の王？

三陵墓古墳群史跡公園《さんりょうぼこふんぐんしせきこうえん》

３つの古墳が並んでいる史跡公園のなかでも、西古墳は5世紀前半の都祁国の王の古墳といわれています。大和朝廷とは異なる流れの国があった可能性も。案内板には周辺の古墳群などもかかれているので、ここをスタート地点にして散策するのもよいかもしれません。

MAP:P90-B3
住 奈良市都祁南之庄町1581　☎0742-34-1111（奈良市役所文化財課）　P 有

Flie.02

古事記にも登場。まぼろしの都祁国？

都祁《つげ》、都介野《つげの》という地名は、古代朝鮮語で日の出を意味するトキノに由来するという説もあり、古代大和の大きな国があったのではないかと考えられています。古墳の埋葬者は定かではありませんが古事記には「都祁直《つげのあたい》」日本書紀には「闘鶏国造《つげのみやつこ》」と記されており、この地方に有力者がいたことがうかがえます。

飛鳥時代に創建された、四大水分社のひとつ。

神話
スポットに
立ち寄る

都祁水分神社《つげみくまりじんじゃ》

水分神社は、この里の農業を守る水の神様です。大和の４水分社（都祁、宇陀、吉野、葛城）の１つとして古来より奉られてきました。参道を抜けると中央に舞台ののこる本殿があり、秋のお祭りには地元の方や歴史好きな方で賑わいます。一間社春日造檜皮葺の本殿は、国の重要文化財に指定されています。

MAP:P90-B3
住 奈良市都祁友田町182　☎ 0743-82-0097　P 無

「ごしゃお」の神石が残るパワースポット。

都祁山口神社《つげやまぐちじんじゃ》

小山戸明神ともよばれ10月25日には都祁水分神社から御神輿《おみこし》の「お渡り」が行われます。また神社の裏手を100mほどのぼると、原生林の森を抜けた山頂に「ごしゃお」とよばれる巨石が祀られています。これは古代の山の神を祀った「磐座《いわくら》」のひとつとされ、神話を感じるスポットです。

MAP:P90-B3
住 奈良市都祁小山戸町640　P 有

「三輪さんの奥の院」が大和高原にありました。

雄神神社《おがじんじゃ》

実は、桜井の大神神社《おおみわじんじゃ》の奥の院である雄神神社。山自体が神様であることや、白蛇を祀っていることからもそのつながりがうかがえます。少し離れたところに建つ白石国津神社との間には「やすんば」という小さな茂みが40〜50m間隔で数箇所あり、そこを通る神様が休まれる場所とされています。

MAP:P90-B3
住 奈良市都祁白石町字神子尻　P 無

自生スズランが咲く峠

スズラン群落《すずらんぐんらく》

後醍醐天皇が吉野方面（南朝）に向かう途中にこの地のスズランの香りに魅せられたという言い伝えから「香酔峠《こうずいとうげ》」の地名が残っています。高地の寒冷な気候により、自生スズランとしてはかなり南に位置するもので、天然記念物に指定されています。見頃は5月下旬から6月初旬。

MAP:P90-B3　住 奈良市都祁吐山町　☎ 0743-82-0201（都祁行政センター地域振興課）　P 無

標高631.2mのご当地富士

都介野岳《つげのだけ》

水面に移る景色や、稲穂の金色にかこまれた景色など四季によっていろいろな見え方を楽しめるご当地富士のひとつ。大和高原の中心に位置し、都祁地域の南端部に位置します。登山道の途中には行者を祀った石碑があり、山頂には龍王神社が祀られています。もともと標高の高い土地にあるため登りやすい山となっています。

MAP:P90-B3
住 奈良市都祁南之庄町

道の駅 針テラス

毎日、新鮮な大和高原の野菜が入荷！

つげの畑高原屋《つげのはたけこうげんや》

「針テラス」の中にある高原屋は、地元の新鮮で安全な野菜やお米が買える人気のお店。ついつい買い物カゴいっぱいに入れてしまいそうになるほど楽しい食材選びをお楽しみに！なかでも名物なのは「高原のとまとじゅーす（プレミアム170ml 250円）」。濃厚な自然の味が人気です。夕方には閉店するのでお早めに。また隣には都祁の里の歴史展示室もあります。

MAP:P90-B3
住 奈良市針町345　針テラス内　☎ 0743-82-5633
営 9:00〜18:00（11月〜3月は17:00閉店）　休 年末年始

大和高原への
入り口に！

名阪国道 針IC降りてすぐ「道の駅針T・R・S（針テラス）」

500台収容可能な駐車場を有する大規模な道の駅。観光・道路等の情報提供はもちろん、豊富なグルメが選べる「飲食味街道」、ゆったりくつろげる「はり温泉らんど」、西日本最大級の観光イチゴ園「針T・R・Sベリーファーム」など地域の特産品も集結しています。

月ヶ瀬梅林と、湖畔の絶景。

古くから歌人にも詠まれてきた月ヶ瀬の里。絶景の梅林は春になると毎年全国から大勢の観光者が訪れます。1922年には、金沢の兼六園・奈良公園とともに、わが国最初の名勝に指定されたました。またお茶の産地としても知られています。湖畔を一周しながら歴史のロマンにふれ、温泉で一休みするのはいかがでしょうか。

山里の素朴な温泉で散策の疲れを癒す。

梅の郷《うめのさと》　月ヶ瀬温泉《つきがせおんせん》

奈良県北東部と京都府、三重県との県境に位置する自然豊かな温泉です。ゆったりとした露天風呂や景色を眺めながらの内風呂、サウナ、お食事とお一人でもご家族でもお楽しみいただけます。成分は単純泉で神経痛や筋肉痛など、日頃の疲れを癒してくれます。

MAP:P90-C1

住 奈良市月ヶ瀬尾山2681　☎ 0743-92-0388　営 10:30～20:30（入場受付は～20:00）　休 毎月第1・第3火曜（但しその日が国民の祝日にあたる日はその次の休日でない日）6月・12月の第1火曜の翌日　12月30日～1月日まで　料 大人（中学生以上）600円・小人（小学生）300円　P 有

公園で、
いろいろな
梅の花を
楽しもう。

月ヶ瀬梅林公園《つきがせばいりんこうえん》

もともとは「梅の品種園」だった場所を整備した公園です。そのため、様々な梅の品種が豊富にそろっており、花の見比べもできるので、湖畔の梅林とはまた違った楽しみ方ができる場所です。水路を利用したビオトープ（生物生息空間）や遊歩道も整えられ、ゆっくりと散策できます。

MAP:P90-C1
住奈良市月ヶ瀬尾山　☎0743-92-0300（月ヶ瀬観光協会）
P有

江戸時代
中期の
暮らしがわかる
文化財。

菊家家住宅《きくやけじゅうたく》

国の重要文化財に指定されている古民家。元は旅籠屋《はたごや》をしていたといわれ、菊家の性は屋号から付けられたものだと伝えられています。１８世紀の初めの頃の建設と考えられています。内部は、「ざしき」「しものま」「なんど」と呼ばれる三間取り形式から成っており、この里の昔の暮らしが垣間見れる建物です。

MAP:P90-C1
住奈良市月ヶ瀬桃香野4907
（見学の申し込みは☎0742-23-1164または、月ヶ瀬観光協会）
P無

心が澄む
滝の音に、
耳を傾けよう。

龍王の滝《りゅうおうのたき》

修験道の祖役行者《えんのぎょうじゃ》が修業したといわれる龍王の滝は、湖畔の道路わきに入口があり見過ごしてしまいそうになりますが、車を止めて徒歩２分ほど奥に歩けば、心が清められる静謐《せいひつ》な世界にたどり着きます。カメラ好きな方には、隠れた撮影スポットかも知れませんね。ぜひお立ち寄りください。

MAP:P90-C1
住奈良市月ヶ瀬桃香野　P50台

真福寺《しんぷくじ》

月ヶ瀬梅林の
始まりの地と
されるお寺。

月ヶ瀬梅渓を一望できる山上にある尾勝山「真福寺」は、治承2（1117）年の創建と伝えられています。江戸時代中期に再建され現在に至り、境内には「姫若の梅」と言われる古木があります。また、月ヶ瀬梅林の」始まりとされている由緒のある梅の木のあった跡も今も残っています。

MAP:P90-C1　住奈良市月ヶ瀬尾山2248　☎0743-92-0434　P無

富岡鉄斎詩碑《とみおかてっさいしひ》

名画
「月瀬図巻」の
筆先を
想う場所。

画家の富岡鉄斎は度々月ヶ瀬を訪れており、名画「月瀬図巻」は明治時代の月ヶ瀬梅渓の姿を今に伝える大作といわれています。また、梅林の保護育成に努めていた月ヶ瀬保勝会や村人との親交も知られています。画家が歩き、筆をとった湖畔の風景を思い浮かべて散策してみませんか。

MAP:P90-C1　住奈良市月ヶ瀬長引21-8　月ヶ瀬梅の資料館前　P15台

豊かな恵みの山里でノスタルジーと遊ぶ

なつかしの旧校舎を訪ねて

キンコンカンコ～ン、チャイムの音色が
聞こえてきそう。レトロな木造校舎に入れば
昭和にタイムスリップしたよう。
緑深い山里で、なつかしさと優しさに
抱かれながら、楽しみもいろいろ。

川遊びやバーベキューに温泉も 100年前の小学校が遊びの舞台

昭和に廃校となった小学校が、緑豊かな遊びの舞台に。清らかな渓流と深い山々に囲まれた自然郷「ふるさと村」の拠点として、訪れる人を迎え入れている。クラシックな木造校舎は約100年前に建てられたもの。校舎内の食堂では、とれたての山の恵みを使った郷土料理の定食や、昔なつかしい給食ランチ(5名以上要予約)もいただける。お腹がいっぱいになれば、童心に戻って大自然の中で遊ぼう。かつて子どもたちの歓声が響いたであろう校舎前には四郷川が流れ、郷愁を誘う水車小屋が建つ。テントサイトでは川遊びやバーベキューが楽しめるし、足を伸ばしてハイキングや渓流釣りに出かけても。吊り橋を渡ればそこは温泉。山景を眺めつつ、ひのき風呂や岩風呂につかってのんびりほっこり。オトナの疲れとサヨナラできる。

ふるさと村《ふるさとむら》 MAP:P53-C1

TEL/ 0746-43-0413
住 吉野郡東吉野村大字大豆生739
休 火曜休(祝日の場合は翌日)　P 有
備 やはた温泉入湯料　一般(12歳以上)500円
子ども(6歳以上〜12歳未満)200円　6歳未満無料

ふんわりと朴の葉が香る団子「でんがら」や「朴の葉すし」など地元特産の土産物もそろう。

アユの塩焼きや吉野葛の太素麺「たあめん」など地元の食材を使った「ふるさと定食」。

ピカピカに磨かれた廊下では、
雑巾がけ大会が催されることも。
山の中でほっこりしたい、と思うなら
コーヒー焙煎の体験はいかが。

長～い名物廊下を歩いて教室へ 山里ならではの体験いろいろ

いにしえの歴史ロマンが香る伊勢本街道の近く。山深き里の旧校舎が、今は遊びの学び舎《や》に。昭和12年築、横一文字に建つ校舎の“名物”は、約100メートルもある長い直線廊下。「廊下は走らないように！」と、なつかしい声が聞こえてきそう。「ハ～イ、先生分かりました」。ここでの「お勉強」は、山里ならではの楽しい体験。囲炉裏がある「思い出と食の体験室」や「山の生活体験室」があり、こんにゃく作りや竹細工で遊び道具を作ったり、そば打ちや陶芸体験も。友達やファミリーとみんなでワイワイ。子どものころを思い出して夢中になって遊べそう。

みつえ体験交流館《みつえたいけんこうりゅうかん》 MAP: P7

TEL/ 0745-95-6126(予約専用ダイヤル)
0745-95-3737(現地)
住 宇陀郡御杖村菅野 2060
休 火曜休　P 有
備 詳しい体験スケジュールはホームページをご覧ください。
www.vill.mitsue.nara.jp/kanko/koryukan
3名以上(こんにゃくは5名以上)、要予約

体験MENU

竹細工800円～、
コーヒー焙煎1,000円、
こんにゃく作り1,000円
陶芸1,500円
そば打ち(3～4名)4,200円

世界のカエデ約1,200種を愛で レトロな校舎でゆるりと過ごす

NHK朝ドラ「あすか」のロケにも使われた、ぬくもりある木造校舎は昔ながらの姿を残す。校舎の奥に広がるのは、世界のカエデ約1,200種、3,000本が植わるカエデ園。春から初夏、秋にかけての芽吹き・紅葉時は色とりどりで美しく、カエデのイメージを一新させる。校舎内のカフェでは、アルミ容器を使った給食ランチ（月1日）や、メディアに紹介されて人気のパンケーキも。アートギャラリーや特産品展示など、見どころはいろいろ。出入り自由の教室で、なつかしの椅子に座って、少々ゆがんだ窓ガラスから青空ながめて。ゆるりと過ごしてノスタルジーにひたるのもいい。

奈良カエデの郷「ひらら」《ならかえでのさとひらら》 MAP: P77-B2

TEL/ **0745-84-2888**

住 宇陀市菟田野古市場 135-2

休 月曜休　P 有

営 カエデ園 10:00〜16:00 (cafe カエデ〜17:00)

MENU

ひらら手作りパンケーキ500円

給食ランチ1,000円

（毎月第一日曜・限定50食）

※カエデ園は入園無料

白にピンクに黄色の葉っぱも。珍しいカエデも多いカエデ園。

カフェではカエデにちなんだパンケーキやクッキーが味わえる。

夜を過ごす、朝を迎える。
だから感じる息づかいがあります。
次に泊まる—

ゆるり宿

山のあなたの
空に近い宿へ

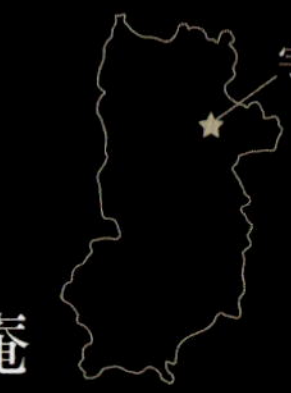

01. 棚田の宿ささゆり庵《たなだのやどささゆりあん》

林道の奥に現れる山里に建つ
茅葺屋根の一棟貸しの宿

うねうねと続く山道を行くと、突然視界が開ける。目前の山の傾斜は棚田が美しく、その向こうは遠く御杖《みつえ》や曽爾《そに》の山々が。奈良にこんな場所があったのかと思うような、空に大きく開かれた風景に圧倒される。「ささゆり庵」は、その雄大な眺めを真正面にとらえる場所に建っている。茅葺の古民家が機能的なキッチンや快適なバスルームを備えた一棟貸しの宿として再生された。日暮れてゆく山並み、夜の闇の深さ、そして朝日輝く夜明けの神々しさ。時間を楽しむことと時間を忘れることの両方を行き来するような一軒宿である。

MAP:P77-C1
住 宇陀市室生深野656
☎ 0745-88-9402
HP http://sasayuri-ann.jp/

一泊素泊まり　一棟貸し（最大収容人数：10名）
大人ひとり　7,000円～17,000円（食事なし・自炊可）
宿泊人数・季節により変動（詳しくはホームページ参照）

02. 大森の郷《おおもりのさと》

山頂にぽっかり開ける集落に
滞在型のモダンな宿泊施設が

大森の郷がある十津川村武蔵には水田や畑がある。きりたった山と川が特長の村内では珍しい風景で、太古の昔は火山口だったとされるなだらかな地形を持つ山頂の集落ゆえなのだそう。そしてふと目をやるとお散歩するヤギの姿も。「もう一つの時間が流れる別世界」に来たような気分だ。そんな場所をこよなく愛する東洋文化研究科のアレックス・カー氏のプロデュースで「大森の郷」は運営される。古材を生かし、モダンな家具（十津川村産のもの）を配置したシンプルでリラックスできる空間。滞在型の旅に選びたい。

MAP:P65-B2
住 吉野郡十津川村大字武蔵487　☎ 080-2543-5552　HP http://www.totsukawa-stay.com/

一泊素泊まり　行仙の間（最大収容人数：2名）利用の場合
平日・休前日　大人ひとり7,000円（食事なし・自炊可）
上記のほかに最大4名利用可の部屋（写真左下）あり

03. 旅宿やなせ屋《たびやどやなせや》

町家一軒まるごと貸し
五條新町の町並みに佇む宿

建築年代のわかっている日本最古の民家・栗山家住宅が残る五條新町。「旅宿やなせ屋」はそんな町を通る旧紀州街道沿い（通称「新町通」）に建つ一棟貸しの宿だ。趣ある家並みを歩いて廻り、古民家を生かした和食やフレンチなど界隈の美食処で舌鼓、部屋に帰ってゆったり休む。町で過ごす時間を楽しむ宿である。

MAP:P7
住 五條市本町2丁目7-3　☎0747-25-5800　HP http://yanaseya.info/

一泊素泊まり　一棟貸し（「蔵」「離れ」の二棟あり）
平日「離れ」利用の場合（一室料金として）2名30,000円～5名47,500円
料理店「五條源兵衛」の夕食付／朝食付プランあり（料金別途）

イメージ写真

街道沿いの
古民家宿

04. 嘉雲亭《かうんてい》

室町時代から続く今井町史上
なんと初めての宿泊施設

茶人として名をはせた今井宗久ゆかりの地・橿原市今井町。茶の湯文化を伝え、江戸期の町並みが大規模なスケールで残るこの地域に、町の歴史上初めてできた宿が「嘉雲亭」。奈良の歴史・文化・観光に造詣の深いご主人のもてなしと、気さくでありつつ静かで落ち着いた雰囲気。リピーターが多いのも至極納得。

MAP:P7
住 橿原市今井町2丁目8番25号　☎0744-23-0016　HP http://www.kauntei.com/

一泊朝食付（B & B形式）　客室3室・定員8名
一般5,000円、学生4,000円、子ども3,000円（5歳～小学生）
和室（8畳）3名、和室（8畳）3名、洋室（6畳）2名利用可

05.café《かふぇ》・農家民宿《のうかみんしゅく》・直売所《ちょくばいじょ》こもれび《こもれび》

柿農家さんが営む農家宿には
満天の星空を楽しむバスルームが！

絶品の窯焼きピザをいただけるカフェと、快適なベッドルームのある一棟貸しの宿泊棟が隣り合い、西吉野の山並みの大パノラマが眼前にという嬉しすぎるロケーション。そんな「こもれび」でもう一つ体験してもらいたいのはお風呂。落ちて来そうな星空を独り占めするバスタイム。ため息の出るような贅沢をぜひ。

MAP:P7
住 五條市西吉野町湯塩210　☎0747-32-0600　HP http://www.0141kaki.com/
一棟貸し素泊まり　1名利用～5名利用まで同料金（大人ひとり）素泊まり6,500円　朝食付7,300円
2食付「田舎料理プラン」9,800円、同「ピザコース」11,000円

農家民宿は
楽しい美味しい

06.ゆるりや《ゆるりや》

飛鳥鍋にボタン鍋、バーベキュー
明日香村の土地の恵みたっぷりと

廃屋寸前だったという古民家をご夫婦でリノベーションしたという「ゆるりや」。自家農園のお野菜をたっぷり使ったごはんの美味しさが評判で、季節によって猪鍋などもいただける。兄弟宿の「とまりゃんせ」では料理教室やアロマ教室などを開催していて、宿泊以外で訪ねられる機会を作ってくれているのも素敵！

MAP:P40-C3
住 高市郡明日香村入谷665　☎0744-54-2516 090-7103-6342
HP http://asuka-minpaku.com/（あすかで民泊）
一泊二食（朝・夕食）付　（別棟「とまりゃんせ」は料金体系別）
（大人ひとり）7,000円（2名以上利用の場合は6,500円）
（子どもひとり：12歳以下）4,000円

イメージ写真

イメージ写真

07. 花屋徳兵衛《はなやとくべい》

行者さんを迎えて500年
個人旅にも嬉しい老舗宿

大峰山に登る行者さんをもてなす宿場として続いてきた洞川温泉《どろがわおんせん》。その中でも「花屋徳兵衛」は創業500年という最も長い歴史を持つ宿。大切に手入れされながら年月を重ねた木造建築の佇まいは心打たれないでいられない。一方、新築された温泉付きの客室のプライベート感も極上。ここに長逗留できる人は幸せだ。

MAP:P53-B2
住 吉野郡天川村洞川温泉　☎0747-64-0878　フリーダイヤル 0120-134-878
HP http://www.tokubei.jp/

一泊二食付　夕食に名水ゆ豆腐付き会席プラン
大人ひとり 19,500円～（一部屋２名宿泊時・部屋定員：2～5）
展望温泉風呂付の和室12帖の間「天空」利用（デッキも有）

いい湯いい味は
旅の醍醐味

イメージ写真

08. 湯盛温泉ホテル杉の湯《ゆもりおんせんほてるすぎのゆ》

源流の村の温泉は
槇風呂あり石風呂あり

紀の川（吉野川）の水源地、そして吉野林業の中心地の川上村。ホテル杉の湯は、そうした環境の中にある快適な温泉宿だ。水が美しい場所の温泉は格別。槇づくりの露天風呂から眺める一面の緑、プライベートな入浴時間を楽しめる家族風呂も用意されている。大和野菜はじめ奈良産の食材を使ったお料理も大満足。

MAP:P53-B2
住 川上村迫695　☎0746-52-0006　HP http://www.suginoyu.com/

料理長おすすめ会席と温泉～大和うまいもん会席プラン～
展望風呂付特別室　定員2～7人室　利用の場合
大人ひとり　29,160円～（1室2名以上利用）

09. 静響《せいきょう》の宿《やど》山水《さんすい》

川沿いに灯りを点す離れ宿
せせらぎの音に忘我の時を

気取りのない温かな対応が居心地良い一軒宿。地元の食材を取り揃え手間をかけた食事と、やはり温泉の素晴らしさが印象的だ。十津川村下湯温泉の源泉から300mという立地ならではの良質の湯は、足の裏をつけただけでもじんわり体が温まるほどで、川の瀬音が聞こえる露天風呂の開放感は癖になる気持ち良さ！

MAP:P65-B2
住 吉野郡十津川村平谷946-1　☎0746-64-0402
HP http://www.onsen-sansui.com/sansui

一泊二食＋翌日のお弁当付　世界遺産・小辺路登山プラン
大人ひとり12,800円～（一部屋２名宿泊時）
川の見える和室利用・ご希望の方に貸切風呂もあり

旅行けば 道に駅あり いい湯だ奈良

そうだ、買い出しに行こう！ 1

えいっと足を伸ばせば本物の温泉がちゃんと湧いている。それが奈良県。そしてお出かけといえば、忘れちゃいけない道の駅。道路状況や地元案内をチェックしながらお買い物にお食事に。そこでしか味わえないもの手に入らないものが並んでいる。奈良県内に現在12か所ある道の駅。おすすめ温泉と組み合わせて訪ねてみよう。季節を変えて何度でも行ってみたくなること請け合いです。

案内人○新井忍

古いナビをおだてるのが上手になるばかりの助手席専門道の駅&温泉と銭湯愛好家。あれも安いこれも安いと地場野菜を買い、お湯に浸かって「極楽極楽」と言う。ただそれだけで次からあの町や村がぐっと近くなるんだから「道の駅」と「温泉」は、心の距離のワープ装置ですな！モットーは「美味しい看板は見逃しまへん！」

これ持って行こう！

買い出しクルマ旅には、ぜひ「てぬぐい」をお持ちあれ。「ゴシゴシタオル」にも「湯上りタオル」にもなるので温泉でも一本あれば私は充分。濡らしたてぬぐいで小鼻やアゴあたりを優しく拭うのが初心者にはおすすめ！

また、助手席では手の上に掛けて日焼け防止に。てぬぐいの軽さ長さが具合よし！

車でビューンとハシゴ湯しよう！

道の駅 伊勢本街道御杖 と 姫石の湯 お亀の湯

道の駅伊勢本街道御杖でコレを買う！

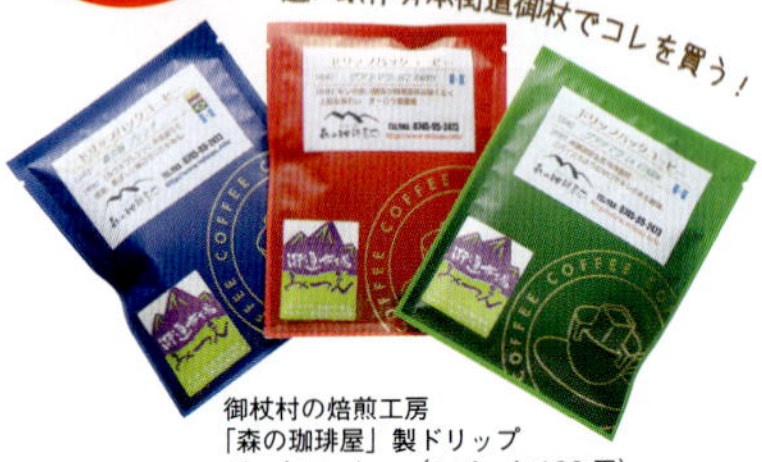

御杖村の焙煎工房「森の珈琲屋」製ドリップパックコーヒー（1パック100円）

単純温泉(中性)

姫様に想いをはせる優しい湯 みつえ温泉 姫石の湯《みつえおんせんひめしのゆ》

天気予報で見る奈良県の輪郭が右にぴょこんと飛び出しているところが御杖村《みつえむら》。その道の駅の敷地に建つのは「姫石の湯」。物産販売やレストランもありますが、観光案内所で地図をもらって御杖散歩も楽しんでみては。村を歩いた後、さらっとしたお湯に身を委ねると、何もかもがほどけてくる感じ。また、ここには介護風呂もあり、専用の内風呂と露天風呂に介護や介添えが必要な方がゆっくり入れるようになっています(要予約、別料金)。天照大神をお祀りする場所を探す旅の途中、倭姫命《やまとひめ》が候補地のしるしとして杖を残したというゆかりの村で、大切な方をお世話しながら一緒に温泉に浸かることも得難いこと。

MAP:P7 住宇陀郡御杖村神末6330 ☎0745-95-2641 営11:00～20:00(最終受付19:30)
料大人700円、小人350円、幼児(3才未満)は無料 休火曜休館(祝日の場合は営業) P有

道の駅 杉の湯川上と 入之波温泉 湯元山鳩湯

ナトリウム 炭酸水素塩・塩化物泉(中性、低張性、温泉)

道の駅杉の湯川上でコレを買う！

よもぎの香りがたまらないもっちもちの火打餅（3個入り216円）は買ったらすぐ食べます。

これぞ秘湯！なんという湯量！ 入之波温泉湯元 山鳩湯《しおのはおんせんゆもとやまばとゆ》

秘湯気分は建物に入ってから更に増して。いで湯の宿で入浴の受付を済ませて、階段を下りて下りて下りてまた下りて。そうしてたどり着いたお風呂のお湯は「赤サビ色」。これぞ温泉という色や香りを味わいながら浸かると、心地よいぬる湯でまったりしてしまいます。ですが、あまりの長湯は湯あたりにご用心。浴槽の縁にびっしりと積もる温泉の析出物が物語っているように、ここは圧倒的に温泉成分が「濃ゆ～い」のです。うっかり湯疲れすると階段を上って帰るのが辛くなってしまいますよ。次こそは泊まって、ちょこっと何回も入りたいと思わされます。

MAP:P53-C3 住吉野郡川上村入之波 ☎0746-54-0262 営10:00～17:00(最終受付16:00)
料大人800円、小人400円 休4月～10月 水曜休館(祭日・連休・お盆は営業) 11月～3月 火・水曜休館(祭日・正月・連休は営業) P有

ナトリウム－炭酸水素塩温泉(低張性・アルカリ性・高温泉)

お風呂もキレイ、わたしもキレイ 曽爾高原 お亀の湯《そにこうげんおかめのゆ》

景色が圧倒的な魅力の露天風呂。「石の浴室」と「木の浴室」と名付けられた二種類のお風呂は男女週替わりで交代制です。「石」からは曽爾高原が、「木」からは奈良の名峰、兜岳・鎧岳を望むことが出来ます。ガラス窓も大きくて内湯からの眺めも満点。美肌効果がある泉質と、地元の美人伝説の「お亀池」から付けられたネーミングの相乗効果で「美しくなることに真面目に向き合うお風呂だなあ」としみじみ。ここの「美しさの源泉」はスタッフのお人柄、設備への気配りのそこかしこからもしっかりと感じられますよ。

MAP:P7 住宇陀郡曽爾村太良路839 ☎0745-98-2615 営4月～11月 11:00～21:00(最終受付20:00) 12月～3月 11:00～20:30(最終受付19:30) 料土・日・祝・指定日(正月・お盆)は、大人750円、子供450円 平日、大人650円、子供400円 休水曜休館 P有

駐車場・トイレ・電話が24時間利用可能！
奈良県＼現在12か所／

道の駅
大和路へぐり
と
虹の湯

ナトリウム-塩化物温泉（高張性・中性・温泉）

道の駅大和路へぐりでコレを買う！

季節の果物などで作るジャム。こちらは冬に手に入れた柚子ジンジャー（450円＋税）

よりどりみどりの湯三昧　虹の湯《にじのゆ》 西大和店

ちょっと意外な町中の湯が、こちらの虹の湯。平群町から168号線を南下した上牧町にある温泉で、周辺には住宅地やショッピングセンターなどが。地下1500mから湧き出ているという湯を、いろんな趣向で楽しめます。秘湯気分を味わえる岩風呂や、木の香りにも癒される檜風呂、信楽焼の大壷を使った壷湯、探検気分の洞窟風呂、蒸し風呂や大釜風呂、打たせ湯にジェットバスなどなどなど。子どもたちも大喜びです（大人はもっと大喜び）。何しろヒョイと出かけられる気軽さ、食事ができて床屋さんがあってボディケアも受けられる便利さはありがたいですね。

MAP:P7　住 北葛城郡上牧町ささゆり台3-1-1　☎ 0745-71-1126　営 10:00（土日祝日は8:00）～25:00（最終入場24:15）　料 大人700円、4歳～小学生300円、3歳以下100円　休 年中無休　P 210台（無料）

道の駅マップ

道の駅 針T・R・S
MAP:P90-B3
住 奈良市針町345
国道25号
☎ 0743-82-5633
営 9:00～17:00
休 年末年始

道の駅 大和路へぐり
MAP:P7
住 生駒郡平群町平等寺75-1
国道168号
☎ 0745-45-8511
営 9:00～18:00
休 12/31～1/3

道の駅 ふたかみパーク當麻
MAP:P19-A1
住 葛城市新在家402-1
国道165号
☎ 0745-48-7000
営 9:00～17:00
(7～9月の土日祝は18:00まで)
休 12/31～1/3

道の駅 吉野路 大淀iセンター
MAP:P53-A1
住 吉野郡大淀町大字芦原536-1
国道169号
☎ 0747-54-5361
営 9:00～17:00
（※季節により変更の場合あり）
休 火曜、12/30～1/6

道の駅 宇陀路室生
MAP:P77-C1
住 宇陀市室生三本松3176-1
国道165号
☎ 0745-97-2200
営 9:00～18:00
休 12/30～1/1、1/4、5

道の駅 伊勢本街道 御杖
MAP:P7
住 宇陀郡御杖村大字神末6325
国道368,369号
☎ 0745-95-2641
営 10:00～17:00
休 火曜、12/30～1/3

道の駅 宇陀路大宇陀
MAP:P77-B2
住 宇陀市大宇陀拾生714-1
国道166,370号
☎ 0745-83-0051
営 8:00～18:00
休 12/29～1/3

道の駅 杉の湯 川上
MAP:P53-B2
住 吉野郡川上村迫695
国道169号
☎ 0746-52-0006
営 9:00～18:00
休 無休

道の駅 吉野路 上北山
MAP:P53-C3
住 吉野郡上北山村大字河合字ハジ1-1
国道169号
☎ 07468-2-0169
営 10:00～18:00
休 火曜、12/31～1/1

道の駅 吉野路 黒滝
MAP:P53-A2
住 吉野郡黒滝村長瀬22
国道309号
☎ 0747-62-2456
営 9:00～17:00
（※季節により変更の場合あり）
休 12/27～1/3

道の駅 吉野路 大塔
MAP:P65-B1
住 五條市大塔町阪本225-6
国道168号
☎ 0747-35-0311
営 9:00～17:15(12/27は14:00まで)
休 第1,3,5水曜(12～2月は毎週水)、12/28～1/4

道の駅 十津川郷
MAP:P65-B2
住 奈良県吉野郡十津川村小原225-1
国道168号
☎ 0746-63-0003
営 8:00～17:30
(12～3月は8:30～17:00)
休 12/31～1/2

道の駅
吉野路大淀
iセンター
と
ごんたの湯

カルシウム・ナトリウム－炭酸水素塩泉（低張性・中性・冷鉱泉）

ふるさとの湯は冷たくそして暖かい　下市温泉秋津荘明水館　ごんたの湯《ごんたのゆ》

地元のおばあちゃんの「どこから来られたの？」にまず心が暖かくなるお風呂です。静かなたたずまいの山あいの湯で、こじんまりした露天風呂も魅力的です。力強い泡のジャグジーで火照った身体を「冷泉風呂」でクールダウンすればあなたは温泉上級者。「ただの水風呂ではなく冷泉冷泉」と唱えながら勇気を出して。冷泉で冷えたはずなのにあら不思議。しばらくすると身体の芯から暖かくなって湯冷め知らず。これこそが温泉（鉱泉）の力、地球の恵なのです。全身が無理なら、手足だけでも冷泉に浸けてみることをおすすめします。

MAP:P53-A2　住 吉野郡下市町伃邑2189　☎ 0747-52-2619（代）　営 10:00～20:00（最終受付19:30）　料 大人500円、小人300円　休 月曜(月曜が祝日の場合は、翌日の火曜)　P 有

大和牛と大和ポークのあいびきパテをはさんだ照り焼き風味の吉野大淀バーガー（650円）

道の駅吉野路大淀iセンターでコレを買う！

吉野大淀鮎フライバーガー（600円）には丸ごと鮎！

道の駅
吉野路上北山
と
小処温泉

秘境・大台ヶ原の気配を感じてくつろいで　小処温泉《こどころおんせん》

国道から県道に入り、小橡川《ことちがわ》に沿って進むと大台ヶ原の山裾に現れるロッジ風の建物。露天風呂で渓流を眺めながらお湯に浸かると、入浴と森林浴が同時に叶う幸せにもひたれます。木材を惜しみなく使って、平成13年8月にリニューアルオープンしているので、ひなびた感じを失うことなく清潔なところも、わざわざ訪ねた人にとっては嬉しいこと。せせらぎの音がダイレクトに湯船に飛び込んでくる感じもして、肌も目も耳も…五感全てがのんびりするという稀有な体験は遠出してこそ。県道沿いには北山宮、瀧川寺、水分神社。季節を変えて、何度でも訪れたい山あいのいで湯。

MAP:P53-C3　住 吉野郡上北山村大字小橡665　☎ 0746-83-0256　営 11:00～18:00　料 大人700円、小人350円　休 第2・第4火曜休館（定休日が祝日と重なる場合はその翌日）※冬季・臨時休業有　P 有

硫黄泉（低張性・アルカリ性・低温泉）

道の駅吉野路上北山でコレを買う！

村おこし（一袋390円）とは、なんとナイスネーミング。買わずにいられません。

そうだ、買い出しに行こう！ 2

nara マルシェ

新鮮野菜や、その時期その土地だけの味。
作り手さんに出会えたり、レシピを教わったり。
市場での買い物は楽しみ方もりもり！

MAP:P7

第４土曜日開催

柳の市

場所／やなぎまち商店街
（大和郡山市柳１丁目～４丁目）
時間／10時～16時

店先に金魚の品評会で使われるホーローたらい（大和郡山は金魚の産地）を設置、限定品や特価品を並べて販売。クラフト作家さんが集まる関連イベントも。やなぎまち商店街各店の個性が滲む趣向が楽しい。

MAP:P53-B2

毎週土曜日開催

やまいき市

場所／山幸彦てくてく館付近
（川上村西河７３３）
時間／9時半～

村の方々が自家用に作られた野菜がズラリと並ぶ。川上村は源流の村。冷たく美しい水で育つ野菜がおいしくないわけがない。なかでも冬の白菜の見事さたるや。サイズも味も圧巻の素晴らしさ！

MAP:P65-C1

第４土曜日開催

土曜朝市

場所／下北山村スポーツ公園入口
（奈良県吉野郡下北山村上池原１０２６）
時間／９時半～１３時頃
（売り切れたら終了）

屋根付きの朝市店舗に、村で作られた新鮮野菜、お寿司やトチ餅などのおいしいものが季節ごとに。村特産の「下北春まな」は２月頃の一番寒い時期が旬というから隣接する日帰り温泉と一緒に訪ねるべし！

MAP:P40-B2

毎週金曜日開催

明日香 ビオマルシェ

場所／あすか夢の楽市駐車場
（明日香村飛鳥２２５－２）
時間／9時～12時

無農薬、有機栽培の野菜が並ぶ青空市。これらの野菜を使ったデリ、明日香村で平飼いされる鶏の卵などの販売も。平日の午前開催なのは「普段のお買い物をしてもらえる場所に」という思いから。

そうだ、買い出しに行こう！ 3

江戸時代～昭和にかけて創業し、伝統を守りながら醤油を作り続ける蔵が奈良にはある。その数19軒（2015年現在）。杉樽を使って昔ながらの製法で作る蔵、ミネラル豊富な地元の地下水や地域に根付く酵母を知り尽くした上で高みを目指す蔵など、他県に比べて規模は小さいながらも蔵ごとの個性は様々、当然ながら醤油の味わいも千差万別だ。近年では、醤油のご先祖「ひしお」を奈良県醤油工業協同組合と奈良の食文化の研究家が共同で再現した「古代ひしお（90g￥1500）」が登場。さらに2014年からは醤油蔵の見学と地醤油の試食を組み合わせた蔵開きイベントもスタートするなど、独自色は年々アップ。地酒ならぬ「地醤油」が選べる奈良は実はとても贅沢な地域なのかもしれない。

味の決め手は 地元の醤油

奈良の醤油屋さん

ニシキ醤油株式会社　MAP:P7
住 生駒郡斑鳩町五百井1-3-10　☎0745-75-2626
おすすめ商品　にっぽん丸大豆しょうゆ　300㎖　530円（税別）
小売り　○　／　見学　×
ここでも買える→めぐみの郷いかるが店
（生駒郡斑鳩町法隆寺2-6-25）

喜多醤油株式会社　MAP:P7
住 大和郡山市筒井町638-1　☎0743-56-2651
おすすめ商品　純粋しょうゆ　900㎖　416円
小売り　○　／　見学　○
ここでも買える→産直市場よってって大和郡山店
（大和郡山市 小泉町2849-1）

今中醤油　MAP:P7
住 生駒郡三郷町勢野東6-3-1　☎0745-72-2126
おすすめ商品　濃口醤油　500㎖　370円
小売り　○　／　見学　×
ここでも買える→まほろばキッチン
（橿原市常盤町605-１）

向出商店　MAP:P7
住 奈良市手貝町22-1　☎0742-22-2306
おすすめ商品　宝扇本造り醤油　720㎖　864円
小売り　○　／　見学　×
ここでも買える→イオン 高の原店
（京都府木津川市 相楽台１-１-１）

株式会社　井上本店　MAP:P7
住 奈良市北京終町57　☎0742-22-2501
おすすめ商品　イゲタ濃口醤油　360㎖　320円（税別）
小売り　○　／　見学　○（要予約）
ここでも買える→きてみて奈良ショップ
（奈良市登大路町３８-１）

新瀬醤油醸造場　MAP:P90-B1
住 山辺郡山添村大字北野1360　☎0743-86-0303
おすすめ商品　木桶仕込本醸造しょうゆ　1800㎖　1,050円（税別）
小売り　○　／　見学　○（４月～９月の農繁期は不可）
ここでも買える→山添村特産物販売所・花香房
（山辺郡山添村大西1115-1）

片上醤油　MAP:P19-A3
住 御所市森脇329　☎0745-66-0033
おすすめ商品　淡色天然醸造醤油　360㎖　756円
小売り　○　／　見学　○（要予約）
ここでも買える→まほろばキッチン
（橿原市常盤町605-１）

恒岡醤油醸造本店　MAP:P7
住 橿原市今井町3-2-34　☎0744-22-2071
おすすめ商品　かけ醤油夢ら咲　200㎖　410円
小売り　○　／　見学　○
ここでも買える→まほろばキッチン
（橿原市常盤町605-１）

徳星醤油　MAP:P40-B2
住 高市郡明日香村岡1168　☎0744-54-2023
おすすめ商品　蔵つくり醤油飛鳥　1000㎖　470円（税別）
小売り　○　／　見学　×
ここでも買える→明日香の夢市
（高市郡明日香村島庄１５４-３）

ナカコ将油株式会社　MAP:P7
住 五條市五条1-7-18　☎0747-22-2143
おすすめ商品　限定品しろ醤油　150㎖　540円
小売り　○　／　見学　○
ここでも買える→ナカコ将油ＪＲ奈良店
（奈良市三条本町1-1　JR奈良駅　ビエラ奈良２階　Tel 0742-20-2012）

大門醤油醸造　MAP:P77-A2
住 桜井市大福646-1　☎0744-45-2331
おすすめ商品　桶仕込み本醸造しょうゆ　300㎖　648円
小売り　○　／　見学　○
ここでも買える→まほろばキッチン
（橿原市常盤町605-１）

吉備醤油醸造元　MAP:P77-A2
住 桜井市吉備411　☎0744-42-3120
おすすめ商品　本醸造醤油　1800㎖　570円
小売り　○　／　見学　×
対面販売は醸造元でのみ

梅谷醸造元　MAP:P53-B1
住 吉野郡吉野町宮滝262-2　☎0746-32-3206
http://www.umetani.jp/
おすすめ商品　宮滝ぽん酢　360㎖　648円
小売り　○　／　見学　○（要予約）
ここでも買える→まほろばキッチン
（橿原市常盤町605-１）

松屋本店（尾上醤油店）　MAP:P53-A1
住 吉野郡吉野町飯貝520　☎0746-32-2006
おすすめ商品　松六醤油（光栄醤油）　1800㎖　720円
小売り　○　／　見学　×
対面販売は醸造元でのみ

森谷醸造場　MAP:P53-B1
住 吉野郡吉野町新子328　☎0746-36-6046
おすすめ商品　吉野だし味　1000㎖　920円
小売り　○　／　見学　×
宅急便で全国へ発送

土佐治醤油製造所　MAP:P53-A1
住 吉野郡下市町下市大峯182　☎0747-52-2022
おすすめ商品　こいくち醤油翁　1800㎖　760円
小売り　○　／　見学　×
ここでも買える→吉野路大淀ｉセンター
（吉野郡大淀町芦原５３６-１）

黒川醤油製造場　MAP:P77-B2
住 宇陀市大宇陀区拾生1852　☎0745-83-0061
おすすめ商品　だしぽんず　360㎖　690円
小売り　○　／　見学　○（要予約）
ここでも買える→道の駅宇陀路大宇陀
（宇陀市大宇陀拾生714-1）

富永商店　MAP:P77-B2
住 宇陀市兎田野古市場511　☎0745-84-2028
おすすめ商品　いなかしょうゆ　1000㎖　454円
小売り　○　／　見学　×（原則）
ここでも買える→まほろばキッチン
（橿原市常盤町605-１）

相馬醤油醸造元・田畑商店　MAP:P77-C1
住 宇陀市室生三本松1467　☎0745-92-2016
おすすめ商品　濃口醤油　500㎖　270円（税別）
小売り　○　／　見学　×（原則）
ここでも買える→道の駅宇陀路室生
（宇陀市室生三本松3176-1）

木桶で醸造する恒岡醤油醸造本店

弘法大師ゆかりの水脈を醸造水としているというニシキ醤油さんの蔵

そうだ、買い出しに行こう！ 4

やっぱり肉が好き！

良い野菜、良い調味料と来たら、お肉もとびきりのを手に入れたい。奈良で育った自慢の鴨、牛、豚、鶏、鹿、猪。ぎゅっと旨味が詰まったおいしいお肉、ここにあり！

倭鴨《やまとがも》
鴨重《かもじゅう》フーズ《ふーず》

葛城山麓で合鴨を飼育する鴨重フーズ。この「倭鴨」は目が丸くなるほどの張りとツヤ。赤身のコク、脂身の旨味で、焼いてよし、煮てよし。主な入手法は通信販売。予約の上現地購入も可。

MAP:P19-A2
住 御所市櫛羅2525-6　☎0745-65-1722
営 8:00～17:00
休 日曜休　P 6～7台
http://www.aigamo.net/

大和牛　ヤマトポーク　大和肉鶏
畜産《ちくさん》ならショップ《ならしょっぷ》

奈良が誇る「大和牛」「ヤマトポーク」「大和肉鶏」が揃う肉のアンテナショップ。奈良県畜産農業協同組合連合会直営で、安心して買い求めることができる。各種加工品や調味料等も販売。

MAP:P19-A2
住 葛城市山田123-2　☎0745-69-5300
営 平日9:00～18:00　土・日曜7:00～18:00
休 無休（年末年始は除く）　P 10台以上
http://www.chikusan-nara.com/

吉野鹿　吉野猪
上北山村獣肉利活用協議会《かみきたやまむらじゅうにくりかつようきょうぎかい》

奥吉野、大台ケ原で獲られた「吉野鹿」に「吉野猪」。栄養価が高くカロリー控えめ、ジビエブームも手伝いグッと注目されている。通信販売の他、一部加工品は道の駅「吉野路上北山」にも。

MAP:P53-C3
住 吉野郡上北山村河合533-1　☎07468-2-0298
営 平日8:30～18:00　休 不定休　P 駐車スペース有
http://yoshinoshika.at-ninja.jp/
※090-8670-2006（原口さん）に連絡して肉の入荷状況を確認して注文

そうだ、買い出しに行こう！ 5

地元育ちの素材がポイント おいしいケーキとパン探し

ふんわりケーキに焼きたてパン。おいしいのはもちろんのこと、奈良産のあんな素材やこんな素材が使われているって知ってた？

1 ヴェロニカ
430円

夏にオススメの爽やかスイーツ！

地元の専門農家が生産した有機栽培のレモンを使ったタルト。ザクザクとしたタルト生地の食感と、ねっとり濃厚で甘酸っぱいレモンクリームとが相性抜群！10〜12月頃に登場する、西吉野の柿で作るタタン「トオル(440円)」や、1月〜6月頃に販売される五條産の苺・古都華を使った「大粒いちごのショートケーキ(490円)」にもご注目を。

2 ばん茶のメレンゲ
350円

ふわっと広がる番茶の香りにうっとり

吉野郡大淀町で生産される、日干番茶のパウダーを使ったお菓子。口に入れたとたんに番茶香りが豊かに広がり、すーっと消えていくような口溶けも楽しい。番茶を使ったメニューは他に、サブレとマカロン(各160円)を販売。また同店では、9月上旬〜4月末頃に出る「モンブラン(450円)」も人気！

3 あすかルビーのタルト
410円（ホールは3,150円）

宝石のように輝く苺がたっぷりと

奈良のブランド苺・あすかルビーがたっぷり。生クリームをブレンドしたほどよい甘さのカスタードクリームと、あすかルビーならではの甘酸っぱさ、そしてアーモンドが香ばしいタルト生地とが合わさったその味わいは、ついつい2つ3つと食べたくなる♪レトロな雰囲気な魅力の店内で、おいしいコーヒーとご一緒に。

4 恋するガーリーフロマージュ
216円

チーズと生姜のコラボケーキ！

一見普通のチーズケーキ。でも食べればはっきり生姜味！こちらは、産官学・農商工連携事業の一環で生まれた品。香りだけでなく、生姜の味がしっかりと引き立つように、畿央大の学生と同店店主が試行錯誤を繰り返して商品化した。濃厚なチーズと生姜独特の味と香りが、想像を超えて見事にマッチしている。

5 春鹿ショコラ
（絹・奏・憶の3個セット）
1,080円

日本酒香る、口溶け滑らかショコラ

日本酒発祥の地とも言われる、奈良ならではのショコラ。全国的にも有名な奈良の地酒『春鹿』と、同店ショコラティエによるコラボ商品で、日本酒の芳醇な香りと驚くほど滑らかな口溶けを楽しめる。鹿鳴・憶・奏・絹・結の5種類があり、全種が入った5個セット(1,706円)や、1個ずつ(各302円)での販売も。

6 飛鳥米コルネ
108円

売り切れ御免の大人気コルネ！

生地の独特のサックリ感は、飛鳥米の米粉を織り込んでいるから。注文ごとに絞り入れてくれるクリームは、後に残らないあっさりとした甘さ。すぐ食べるのもいいけれど、冷蔵庫で冷やせばサクサク感がアップして、また違った食感を楽しめる。人気商品なので、たくさん注文する場合は前日までにご予約を。

7 ベーグル（プレーン）
155円

米粉の特長を生かした人気ベーグル

強いもっちり感とサクサクした歯切れの良さに、たくさんのファンを抱える同店のベーグル。その魅惑の食感が生まれる秘密は、全国的に評価が高い、奈良県産ヒノヒカリの米粉を生地に練り込んでいるから。プレーンは、切った後にしっかりトーストして、チーズやハムをサンドするのがオススメの食べ方！

8 バターもちパン
160円

もっち〜り食感がたまらない！

大和郡山産の餅粉で作られる、もっちり食感が魅力のパン。餅粉と黒糖の豊かな風味と、バターのコクを同時に楽しめる一品だ。しっかり甘いので、濃いめの緑茶やコーヒーと相性抜群！同店で大人気の自家製・無添加カスタードがたっぷり入ったクリームパン(160円/10〜6月のみ販売)と合わせてどうぞ。

Sweets & Bread shop data

5

patisserie
TRICO
パティスリー トリコ
MAP:P7

- 住 北葛城郡河合町広瀬台3-6-3
- ☎ 0745-60-6081
- 営 10:00〜19:00
- 席 テーブル6席
- 休 水曜休
- P 6台(他店共用)
- ア JR・近鉄王寺駅より、車で約5分
- 備 1月下旬〜4月末頃まで販売予定

http://www.trico-az.com/

4

お菓子のお店
プティ・アルシェ
おかしのおみせ プティ アルシェ
MAP:P7

- 住 橿原市兵部町6-10 エイト・ウッド・マンション1F
- ☎ 0744-25-5007
- 営 10:00〜20:00
- 席 テイクアウトのみ
- 休 日曜休(日曜以外の祝日は営業)
- P 2台
- ア 近鉄八木西口駅より、徒歩約5分
- 備 常時18種類以上の板チョコを用意

3

ベーカリー・スイーツカフェ
スズ屋
ベーカリー スイーツカフェ すずや
MAP:P40-A2

- 住 橿原市見瀬町2006
- ☎ 0744-27-2246
- 営 8:30〜19:00
- 席 カウンター5席、テーブル14席
- 休 日曜休
- P 10台
- ア 近鉄橿原神宮前駅より、徒歩約10分
- 備 12月上旬〜5月下旬頃まで販売予定

http://www.kashihara-suzuya.com/

2

PATISSERIE
La Peche
パティスリー ラ ペッシュ
MAP:P53-A1

- 住 吉野郡大淀町新野190-1
- ☎ 0746-32-2484
- 営 9:30〜18:30
- 席 テイクアウトのみ
- 休 火曜休(祝日の場合は営業、翌日休)
- P 4台
- ア 近鉄六田駅より、徒歩約5分
- 備 土・日・祝のみ、数量限定の食パン「パンド・ミ(600円)」を販売

1

patisserie Client
パティスリー クリアン
MAP:P7

- 住 五條市田園4-1-5
- ☎ 0747-26-2330
- 営 10:00〜18:30(カフェL.O18:00)
- 席 テーブル14席、テラス10席
- 休 水曜休
- P 13台(店舗前4台、店舗裏9台)
- ア JR五条駅より、車で約5分
- 備 2月〜9月頃まで販売予定

http://www.patisserie-client.jp/

ちょっと手に入れにくいけど贈りたくなる甘いもの

週末だけ開くお店だったり、主な購入場所がイベント会場だったり。
わざわざ「その時、その場所へ」出かけるのが嬉しくて、
ついつい親しい誰かにプレゼントもしたくなる。そんな甘くておいしいもの四選！

週末出張販売

テントン　葛城山麓のヒュッテで出張販売されるチーズケーキ

日頃は通販専門だが、週末に葛城山麓の眺めのよい山小屋で「里山出張販売」を開催している。ケーキにフォークを入れるときの心地よさ、奥行きのある風味と満足な食べ応え。思わず笑いがこぼれるチーズケーキを気持ちいい場所でいただいたら、やっぱり手土産にもしたくなるのだ。

MAP:P19-A2
住 桜井市三輪822-11（製造工房）　☎0744-60-1449
備 通信販売、出張販売、各種イベント出店あり
※出張販売日時はホームページ情報で確認
http://www.eonet.ne.jp/~ten-ton
出張販売場所／楽木
住 葛城市寺口907-1　☎0745-69-1701　P 5台

予約販売

おのまとぺ　平飼い卵で作る素朴で健やかなほわっほわなカステラ

パッケージにクスッ、食べて「わわっ！」。明日香村の「のらのわ耕舎」の平飼い鶏の卵などシンプルで安心な素材を、じっくりゆっくり焼き上げた気取らないおやつ。「長く作り続けたい」という甘く幸せな香りのカステラは、ふわっとした空気感と思いがけない弾力性を持っている。四角いかたちも楽しい。

MAP:P7
住 磯城郡田原本町松本420-6　☎無
備 予約販売制、イベント出店あり
営 応相談　席 持ち帰り専門　P 有
cyaikari@gmail.com

週に一回木曜開店

お茶とお菓子 春色　春の陽だまりに佇むような週に１度だけのカフェ

築50年ほどの平屋建ての民家を改装したカフェ。「自分でできる範囲で、丁寧に続けたいから」との店主の想いから、オープンするのは週に1度、木曜日だけ。香ばしいスコーンはじめ、ケーキなど5種類程のお菓子が小さなショーケースに並ぶ。縁側から差し込む優しい光を感じながら、ゆったりと過ごしたい。

MAP:P77-A2
住 桜井市外山368-7　☎無
備 木曜のみ営業（臨時休業あり）
営 12:00〜17:00　席 10席　P 2台
http://haruiroemi.exblog.jp/
※来店時は必ずブログ情報をご確認ください

週に一回金曜開店

焼き菓子 木の皿　大切な人と食べる時間を想いながら金曜日は坂の上の工房へ

毎週金曜日、高台の住宅街にある小さな焼き菓子工房を訪ねる人が一人、また一人。誰もが嬉しそうに店主さんと言葉を交わし、用意された焼き菓子たちからお気に入りを持ち帰る。こんもりしたタルトも袋詰めされたお菓子もシンプルでいて個性があり、いつの間にか「あの人にはこれ、あの人はそれ」と顔を思い浮かべながら選んでいる。

MAP:P7
住 生駒郡三郷町信貴ヶ丘1-11-12　☎無
備 金曜のみ営業（臨時休業あり）、イベント出店あり
営 11:00〜16:00　席 持ち帰り専門　P 2台
http://d.hatena.ne.jp/kino-sara//
※来店時はブログ情報をご確認ください

歯応えも楽しいオープンサンド

天然酵母のフランスパンの上に、自家製マッシュポテトとベーコン、そして原木しいたけのスライスがトッピングされたタルティーヌ。原木しいたけは、店主の出身地・吉野で栽培されたもので、豊かな風味、しっかりとした歯応えを楽しめる。オリーブオイルとニンニクの香りも食欲をそそる逸品！

9 原木しいたけのタルティーヌ
248円

10 古代米食パン
1斤421円、1本1,263円

ぷちぷち歯応えのヘルシー食パン

16時間の低温発酵で、甘味や旨味を最大限に引き出した食パンの中に、五條の「南農園」で生産された黒米と赤米がイン！しっとりとやわらかなパンの食感に重なる、ぷちぷちとした米粒の歯触りが、なんともクセになる。無添加素材で作られ、安心・安全・ヘルシーな、毎日食べても飽きない食パンだ。

11 大和牛カレーパン
180円

ブランド牛の旨味をカレーにぎゅうっ！

奈良の高級ブランド和牛「大和牛」を、手軽に味わえるこちら。じっくりと10時間以上かけて煮込み、肉や野菜が持つ旨味をぎゅうっと閉じ込めたカレーは、コクが深くてほのかに甘い。食感を楽しめる大きめの具も魅力的♪冷めても油っぽさを感じないのは、"揚げ焼き"という方法で焼き上げているから。

11

パン工房
Toujours
ぱんこうぼう トゥジュール
MAP:P7
住 磯城郡田原本町新町220
☎0744-33-8027
営 7:00〜19:00
席 テイクアウトのみ
休 日曜休
P 約4台
ア 近鉄田原本駅より、徒歩約10分
備 毎年4月に創業祭セールを実施。同店こだわりのパンの味をお得に楽しむチャンス！

10

パン工房
YUM-YUM
ぱんこうぼう ヤムヤム
MAP:P7
住 五條市田園3-20-6
☎0747-23-5530
営 8:00〜19:00
席 テーブル10席、テラス8席
休 火・水曜休
P 5台
ア JR五条駅より、車で約5分
http://yum-yum.in/

9

panya junya
パンヤ ジュンヤ
MAP:P7
住 香芝市逢坂6-736-1
☎0745-78-6868
営 7:00〜19:30(売切次第閉店)
席 テイクアウトのみ
休 月・火曜休
P 2台
ア 近鉄二上駅より、徒歩約1分
備 土・日曜は早めの来店がベター
http://panyajunya.com

8

萌黄
もえぎ
MAP:P19-A1
住 葛城市八川133
☎0745-48-7307
営 10:00〜売り切れ次第終了
席 テイクアウトのみ
休 日曜、祝日休
P 2台
ア 近鉄尺土駅より、徒歩約5分
備 午前中の来店がベター

7

boulangerie
Petit Bouquet
プチ ブーケ
MAP:P7
住 天理市二階堂上ノ庄町50-1
☎0743-64-5051
営 7:30〜18:00頃
席 テイクアウトのみ
休 月曜、第1日曜休(不定休あり)
P 3台
ア 近鉄二階堂駅より、徒歩約10分
備 黒豆(185円)や、さつまいも(175円)のベーグルも有
http://www.pan-petibou.com/

6

Rustic Bakery
ラスティック ベーカリー
MAP:P40-A2
住 橿原市五条野町663
☎0744-28-0366
営 8:00〜18:00
席 テーブル8席
休 月・火曜休
P 8台
ア 近鉄岡寺駅より、徒歩約5分
備 平日は100本、土・日・祝は200本限定、焼き上がりは8:00頃と13:00頃
http://www5.ocn.ne.jp/~rustic-b/

②

③

①

❶クィクィクリアファイル…「奈良と言えば鹿」。ジッパー付ファイルは中身が見えて実用的。1つ410円❷金魚の手ぬぐい…複数の描き手さんによる金魚が泳ぐ手ぬぐい1枚1,200円。金魚は大和郡山の名産❸厄除鬼の土鈴…からからとかわいい音が。全8色でサイズは2種あり。大）1,296円、小）1,080円～

たんぽぽの家アートセンター HANA《たんぽぽのいえあーとせんたーはな》

HANAは障害のある人たちが個性をいかしながらビジュアルアーツやパフォーミングアーツに取り組むスタジオ。自由で愉快なタッチ、個性が映える色使いなど、手にした人を楽しくさせるグッズを展開している。

Shop Data
MAP:P7 住奈良市六条西 3-25-4 ☎0742-43-7055
営10:00～17:00 休日・月曜休 P15台
http://tanpoponoye.org/

そうだ、買い出しに行こう！ 6

自分用にも欲しくなる新・奈良みやげ

Gallery Kawari《ぎゃらりーかわり》

町の鉄工所が高い技術力を生かし、デザインから制作まで行うプロダクトが並ぶギャラリー。正倉院文様や万葉集に詠まれた風景といったモチーフを精緻なタッチで表現した行燈や文具、アクセサリーにうっとり。

Shop Data
MAP:P7
住生駒郡三郷町立野北2-19-8
☎0745-51-8001 営10:00～17:00
休土・日・祝日休（第2土曜は営業）
P3台
http://www.kawari.net/

❶正倉院文様の栞…花喰い鳥が描かれたしおり1枚1,800円。デザイン性と耐久性を兼ね備える。❷華倭里行燈…多彩な意匠が施された行燈は灯りを点したときの美しさにも嘆息。1灯19,000円～❸ゆらり工芸「ふりとらくん」…揺れる干支シリーズの一つで1組1,404円。他に奈良モチーフの動物シリーズなどもあり。

③

②

①

②

③

①

❶あき房の米粉ブッセ…地元洋菓子店が作るバターサンド。ふわさく生地で人気。5個入り1箱 1,028円❷朝日堂の名水わらびもち…地元和菓子店のわらびもち1パック515円。大峯山系の名水を使った一品❸ZIG Letterpen COCOIRO…奈良の老舗・呉竹製のレターペン1本380円。これで憧れの美文字に挑戦！

香芝サービスエリア《かしばさーびすえりあ》

西名阪自動車道にあるサービスエリア。地元大学と協働で考案した地元食材を使ったレストランメニューで人気を博すなど奈良推しっぷりが話題だ。「急に奈良のおみやげが必要！」なときなどにもとても便利。

Shop Data
MAP:P7　住香芝市今泉1343-1　☎0745-78-8500
営インフォメーションコーナー　平日9:00～19:00、土・日・祝日8:00～20:00
スナック・フードコート・ショッピングコーナー24時間営業、レストラン
P100台以上　HPhttp://www.w-holdings.co.jp/sapa/2048.html

②

①

❶TSUJIMURAの葛菓子…「星とダンス」1箱648円、「そして、訪れ」1箱2,160円。菓子の名前のこの素敵さ！❷薬王の薬湯…血行を良くしてくれる生薬100%の薬用入浴剤で1袋（2包入）756円。奈良県田原本町の製薬会社の製造

TSUJIMURA《つじむら》

詩的で心浮き立つ世界を創る吉野山の葛菓子店。大好きな人のためにじっくり選んで持ち帰り、贈るまでの時間も楽しい葛菓子が並びます。ものづくりへの想いを共有する奈良生まれの魅力的な品々もお店の一画に。

Shop Data
MAP:P53-B2　住吉野郡吉野町吉野山950　☎0746-32-3032
営9:00～18:00　休火曜休（4月は無休）　P無
http://tsujimura-yoshino.com/

③

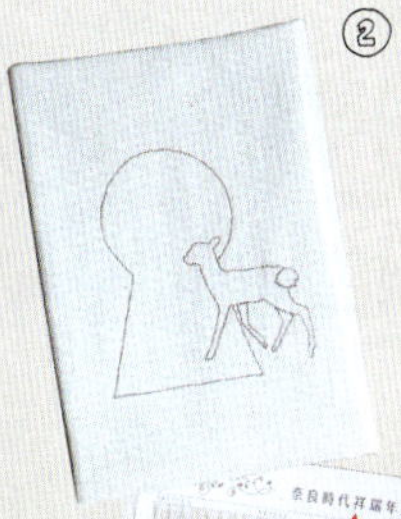

②

①

④

❶古墳の計量スプーン…カップ部の丸みにうっとり。珈琲一杯分の豆を計れる仕様で1本1,500円。雑面マグカップ…『千と千尋の神隠し』にも出てくる神様・春日さんが描かれたマグ。1個1,500円❷古墳と鹿のブックカバー…シンプルな線の刺繍で古墳と鹿が描かれた文庫用カバー。1枚1,800円❸古事記かるた…遊びながら古事記に親しめるかるたは1箱1,728円。小学生くらいから楽しく遊べる❹祥瑞クリアファイル…古代に朝廷に献上された「祥瑞」をデザインしたファイル1枚450円。祥瑞年表付き！

フルコト《ふること》

路地奥の民家2階にある奈良好き仲間が集まって運営する雑貨店。鹿、古墳、ハニワ、仏像、古事記などを題材にした振れ幅の広い面白グッズがたんまり。リミッターの外れた奈良愛、古代愛に触れに、ぜひお訪ねを。

Shop Data
MAP:P7　住奈良市東包永61-2　2階　☎0742-26-3755
営11:00～17:00　休火・水・木曜休
P1台　HPhttp://www.furukoto.org/

いつもどこかでお祭りが！

年中行事

奈良を旅するとき、忘れるわけにいかない一つのテーマは「祭」。受け継がれてきた行事からうかがい知ることのできるその土地の暮らしや歴史。もちろん新しい試みの中にもそこならではの創意が込められていて、風土を知る素晴らしいきっかけに。そこで、奈良を旅する人のバイブル『奈良旅手帖』発行人の生駒あさみさんと、奈良の行事写真を撮影する人気カメラマンMIKIさんに、奈良の山手や中南部エリアで開催されているおすすめ年中行事を中心に教えてもらいました。　奈良って昔から今日まで、ありとあらゆることを祈ってきた場所なんですね！

文 / 生駒あさみ　写真 /MIKI

Spring 春

奈良市　月ヶ瀬梅渓梅まつり《つきがせばいけいうめまつり》

2月下旬〜3月下旬

月ヶ瀬湖畔に広がる梅林が見ごろを迎える時期にあわせて、約1ヶ月半に渡り開催される「梅まつり」。満開の時期、湖畔から山腹には約1万本の梅の花が咲き誇る。梅の香りが広がる中、濃い紅色や真白、ピンクの美しい色合いが楽しめる。期間中はさまざまなイベントも開催されている。梅林の中を走る「月ヶ瀬梅渓早春マラソン」「天神社知恵餅まき」「煎茶祭（月ヶ瀬温泉）」や奈良晒《ならざらし》の技を伝承している月ヶ瀬奈良晒保存会による作品展なども。月ヶ瀬梅の資料館もこの時期は無休。

MAP:P90-C1
住 奈良市月ヶ瀬尾山など
☎ 0743-92-0300（月ヶ瀬観光協会）
料 無料
P 有（有料）
http://www.tsukigasekanko.jp

宇陀市　又兵衛桜《またべえざくら》（桜祭り《さくらまつり》）

4月上旬〜中旬

宇陀市本郷の「本郷の瀧桜」は当地に伝わる大坂の陣で活躍した武将、後藤又兵衛の伝説にちなみ通称「又兵衛桜」とも呼ばれている。樹齢300年ともいわれる桜の古木で、樹高13m、幹周り3m超のとても大きなしだれ桜。見通しがよいので、少し離れた場所からでも全容が見渡せる。近くまでいくと視界におさまらない迫力。周りには桃の花も植えられており、桜と桃の花のコントラストも楽しめる。例年4月上旬〜中旬の桜が見ごろの時期には「又兵衛桜まつり」が行われ、地元各種団体による特産品販売の出店等でにぎわう。

MAP:P77-B2
住 宇陀市大宇陀本郷
☎ 0745-82-2457（大宇陀観光協会）　料 協力金100円
P 有（普通車500円〜）
備 見頃期間中は、近鉄榛原駅から奈良交通臨時バスの運行あり

葛城市　當麻寺《たいまでら》　聖衆来迎練供養会式《しょうじゅうらいごうねりくようえしき》

5月14日

當麻寺《たいまでら》ご本尊の「當麻曼茶羅」を一夜で織り上げた中将姫が生きたまま二十五菩薩の来迎を受け極楽往生を遂げた伝承を再現する法会。毎年中将姫の命日5月14日に行われ、千年以上続いている。本堂を西方極楽浄土、娑婆堂を人間界に見立て、間にかかる110mの長さの来迎橋を金色の面や美しい袈裟などの衣装をつけた観世音菩薩や二十五菩薩が練り歩く。なかでも、娑婆堂で仏さまの姿になった中将姫を蓮台に乗せ、本堂（極楽堂）へ向かう観音菩薩（すくい仏）、拝んだポーズのまま進む勢至菩薩《せいしぼさつ》（拝み仏）の力強い姿は圧巻。法会が終わる頃、天気が良ければ二上山に日が沈み、西方浄土を思わせる光景が広がる。

MAP:P19-A1
住 葛城市當麻1263
☎ 0745-48-2202（西南院）
料 境内無料
P 有（市営・民営）
備 練供養会式は16:00頃から開始

3月

修二会（お水取り）【奈良市・東大寺】3/1〜3/15、国栖奏【吉野町・浄見原神社】毎年旧正月14日、春のお茶会【桜井市・安倍文殊院】3/26

4月

御田植祭【吉野町・吉野水分神社】4/3、盟神探湯（くがたち）【明日香村・甘樫坐神社】4月第1日曜日、天河大辨財天社 春季大祭【天川村・天河大辨財天社】4/14

5月

大峯山戸開式【天川村・大峰山寺】5/3、蛇穴（さらぎ）の汁かけ祭り【御所市・野口神社】5/5、春の眼病封じ祈願会【高取町・壺阪寺】5/18

夏 Summer

桜井市　談山神社《たんざんじんじゃ》　鏡女王祭《かがみのおおきみまつり》

6月第2日曜日

談山神社《たんざんじんじゃ》境内にある東殿の例祭で、恋愛の神様として祀られている鏡女王《かがみのおおきみ》のお祭り。東殿ご祭神の鏡女王は、本殿ご祭神・藤原鎌足の正室。歌人としても優れており万葉集には四首残す。東殿に向かう参道は「恋の道」と呼ばれ、恋絵馬が有名。普段から恋愛成就の祈願に訪れる参拝客も多い。恋愛のみならずよりよい人間関係を結ぶため「ご縁結び」のお祭りとして執り行なわれている。

MAP:P77-A2
住 桜井市多武峰319談山神社東殿（恋神社）
☎ 0744-49-0001
料 無料
P 有（普通車は無料）

吉野町　金峯山寺《きんぶせんじ》　蓮華会《れんげえ》・蛙飛び《かえるとび》

7月7日

修験道の開祖・役行者《えんのぎょうじゃ》の産湯伝説がある大和高田市奥田の捨篠池《すてしのいけ》（弁天池）に咲いている蓮を行者たちが吉野山金峯山寺《よしのやまきんぷせんじ》まで運び、ご本尊の蔵王権現に献じる蓮華会。この法要が一段落すると蛙飛び行事が行われる。「仏法を侮蔑した男が大鷲により断崖絶壁に置き去りにされ、通り合わせた行者に助けを求めた。憐れに思った行者は男を蛙の姿に変えて救い出し、蔵王堂で読経の功徳により人間に戻した」という故事になぞらえたものだ。行事では蛙の着ぐるみを着た男が太鼓台に乗って山内を練り、蔵王堂の前で僧侶の読経の功徳により人間に戻るという部分を再現する。

MAP:P53-A1
住 吉野郡吉野町大字吉野山2500（金峯山寺蔵王堂境内）
☎ 0746-32-8371　料 境内無料　P 無
備 毎年7月7日13:00ごろから開始。奥田の蓮取り行事は弁天神社（大和高田市大字大中100-1）一帯にて同日10:00ごろから執り行われる

十津川村　谷瀬のつり橋《たにぜのつりばし》　ゆれ太鼓《ゆれだいこ》

8月4日

生活吊り橋として、日本一の長さ２９７ｍ、高さ54ｍを誇る谷瀬の吊り橋。真ん中はとても揺れるので20人以上同時に渡ることは厳禁。命を支えるものは80センチの足元の板のみ。普段でも十分なスリルが味わえるが、8月4日には「はしの日」にちなんで「揺れ太鼓」が開催される。揺れ太鼓はＯＭＣ十津川太鼓倶楽部「鼓魂《こだま》」により吊り橋の上で行われる太鼓演奏で、ダイナミックで力強い音色が谷間に響きわたる様は圧巻。地元の人々による出店のほか、特設会場で歌謡ショーや踊りや和太鼓の演奏などがあり、吊り橋周辺で夜まで楽しむことができる。

MAP:P65-B1
住 吉野郡十津川村上野地「谷瀬のつり橋」
☎ 0746-63-0200（十津川村観光協会）
料 無料
P 有
備 毎年8月4日16:00ごろから

8月

行者まつり【天川村・洞川温泉】8/2・3、なら燈花会【奈良公園一帯】8/5～8/14、念仏踊り【東吉野村内】8/18、本尊地蔵菩薩会式【桜井市・聖林寺】8/24

7月

毘沙門天王秘仏御開扉【平群町・信貴山朝護孫子寺】7/1～7/5、七夕燈籠祭【川上村・丹生川上神社上社】7月第1土曜日、桃尾の滝開き【天理市・桃尾の滝】7月第3日曜日

6月

シャカシャカ祭【橿原市上品寺町】6/5、田の虫送り【奈良市都祁地域】6/16、夏越の大祓【十津川村・玉置神社、橿原市・橿原神宮ほか各地】6/30

奈良旅手帖（ナラタビテチョウ）→
「奈良を旅する」をテーマとして 2009 年版から生駒さんが個人発行する。奈良の行事があらかじめ掲載されている見開き二週間のスケジュール部分、神社仏閣の拝観時間や拝観料などをまとめたページ、万葉歌、歴代天皇一覧、天智・天武系系図、御朱印情報、コインロッカー情報などなど奈良情報が満載。奈良を旅する人必携の１冊！
http://naratabi.jimdo.com/

MIKI○写真家・ウェブクリエイター。主に奈良の伝統行事、また風景などを撮影。奈良県立民俗博物館「私がとらえた大和の民俗」写真展出品、なら瑠璃絵公式撮影担当ほか。

生駒あさみ○奈良を旅する人のための情報がぎっしり詰まったスケジュールノート「奈良旅手帖」代表。近著『ならびたり』、既刊『ふたりでいく奈良』『奈良旅ちょこっとアドバイス』著者。http://naratabi.jimdo.com/

Autumn 秋

天理市 大和神社《やまとじんじゃ》 紅しで祭《べにしでさい》

9月23日

江戸時代に農民たちが干ばつに苦しんだ際、雨乞いを行うと願いが叶い豊作となった。その感謝の気持ちとして踊りが奉納されたことがはじまりといわれる。戦後は途絶えていたが、50年ほど前に保存会が結成され、女性だけで踊る「紅幣《べにしで》踊《おど》り」として復活。五穀豊穣を祈る秋の大祭で行われている。棒の先に赤い房をつけた「しで」を両手で持ち、円になって打ち振るさまは彼岸花がぱっと咲いたようで華やか。近年は地元の幼稚園児も参加している。

MAP:P7
住 天理市新泉町306
☎ 0743-66-0044（大和神社社務所）
料 無料
P 有
備 紅幣踊り奉納は13:30ごろから

御所市 鴨都波神社《かもつばじんじゃ》 秋季大祭《しゅうきたいさい》

10月上旬
※体育の日の前々日

祭神の積羽八重事代主命《つみはやえことしろぬしのみこと》は田の神でもあり、五穀豊穣・家内安全・無病息災を祈願する行事。奉納されるススキ提灯は約4.5ｍの長い支柱に10帳の提灯を三段にくくりつけたもの。奈良では収穫後の稲穂を「ススキ」または「スズキ」と呼ぶ。稲穂の形を模したものがススキ提灯で、各町内から合計30基あまりの提灯が奉納される。竿を回したり肩に乗せたりと派手な動作をしながら大きな提灯が練り歩く様は見事。夏季大祭もあり、秋季大祭では１ｔの重さの神輿行列《みこしぎょうれつ》もある。

MAP:P19-B2
住 御所市宮前町
☎ 0745-62-2176（鴨都波神社）
料 無料
P 無
備 ススキ提灯巡行は19:00ごろから

曽爾村 曽爾高原《そにこうげん》 山灯り《やまあかり》

夕暮れから夜にかけて、空と地上のあかりの幻想的な情景を楽しめる。点灯は夕暮れ～21時。帰り道は暗いので懐中電灯を忘れずに。９月中旬から11月下旬、一面の見渡す限りのススキが美しいことで知られる曽爾高原《そにこうげん》では晴れた日に日暮れの時間になるとススキが夕日に反射し、あたり一面が黄金・銀色の世界に包まれる。その時間帯、高原の中腹にあるお亀池の周囲９００ｍをぐるりと取り囲むように、２００基ほどの灯籠の灯りがともる。

2015年
9月12日
～11月23日

MAP:P7
住 宇陀郡曽爾村太良路839（曽爾高原お亀池周辺）
☎ 0745-94-2106（曽爾村観光協会）
料 無料
P 有600円／日（曽爾高原駐車場より徒歩５分）

9月

秋季大祭【御所市・葛城坐一言主神社】9/15、大峯山戸閉式【天川村・大峰山寺】9/23、笠荒神九月大祭【桜井市・笠山荒神社】9/28

10月

題目立【奈良市深川町・八柱神社】10/12、秋祭り【宇陀市室生・龍穴神社】10/15、大地獄絵開帳【天理市・長岳寺】10/23～11/30

11月

秋のけまり祭り【桜井市・談山神社】11/3、酒まつり【桜井市・大神神社】11/14、大日寺 火渡り【吉野町・大日寺】11/23

冬 Winter

生駒市　生駒聖天《いこましょうてん》　厄除け大根炊き《やくよけだいこんだき》

12月1日

宝山寺のご本尊、聖天様の好物が大根ともいわれ、1000本以上ものふろふき大根が参拝客に振舞われる。30年ほど前から続いている行事。お下がりのお神酒を使用して、大釜で薄味に炊かれた大根に、宝山寺味噌をかけて頂く。大根には解毒作用もあると言われていることから一年の厄を払い、来年の無病息災を祈りながら頂く。熱々のふろふき大根は年末の冷えた体に染み入る味。深夜0時〜13時ごろまで。大根が無くなり次第終了。

桜井市　大神神社《おおみわじんじゃ》　繞道祭《にょうどうさい》

1月1日

新年のはじまりとともに行われるご神火《じんか》の祭典。別名ご神火祭りとも。元旦の午前零時、拝殿の奥で禁足地となっている三ツ鳥居奥で宮司によりご神火がきり出され、大松明《おおたいまつ》へと火が継がれる。3mもの長さの先入道・後入道と呼ばれる大松明と小さめの神饌松明の合計3本を氏子がかつぎ神職とともに山麓《さんろく》の摂社・末社18社へ巡拝する（※）。最後の一社に到達するのは明け方になるが、体力に自信のある方は一緒に巡拝してみては。地元の人は松明の火を火縄に移して家庭へ持ち帰り、神棚の灯明や雑煮を炊く火などに用い、一年間の無病息災を祈る。（※ご神火は奈良市の摂社率川神社にも届けられる）

河合町　廣瀬大社《ひろせたいしゃ》　砂かけ祭《すなかけまつり》

2月11日

五穀豊穣と田植えに必要な雨水が十分に降るようにご祭神の水神様に願うお祭り。「殿上の儀」は祝詞奏上《のりとそうじょう》の後、拝殿を田圃《たんぼ》に見立て、苗代作り・籾撒き・苗代巡り・苗取り・田植えの所作をする。「庭上の儀」では、拝殿前の広場に注連縄《しめなわ》を張り田圃に見立て、田植行事と同じ所作をした後太鼓の合図により、雨粒に見立てた砂を牛役と田人（お百姓）が参拝者と掛け合う。砂を盛んにかけ合うほど、田植えの時期に雨がよく降り豊作になるといわれているので痛いほどの激しい砂が一面を舞う。レインコートで砂よけをし、撮影のためのカメラなどはビニール等で防砂をした上でご参加を。

MAP:P7
住 生駒市門前町1-1
☎ 0743-73-2006（宝山寺）
料 無料
P 有（無料）

MAP:P77-A2
住 桜井市三輪1422
☎ 0744-42-6633（大神神社）
料 無料
P 有

MAP:P7
住 北葛城郡河合町川合99
☎ 0745-56-2065（廣瀬神社）
料 無料
P 有（50台）
備 砂かけ祭りは14:00ごろから

12月

春日若宮おん祭【奈良市・春日大社】12/15〜12/18、納め観音【明日香村・岡寺】12/18、天長祭 注連縄並びに門松奉納祭【下市町・丹生川上神社下社】12/23

1月

栢森の綱掛神事（女綱）【明日香村・栢森地区】1/11、稲淵の綱掛神事（男綱）【明日香村・稲淵地区】成人の日、惣谷狂言【五條市大塔町惣谷・天神社】1/25

2月

おんだ祭【明日香村・飛鳥坐神社】2月第1日曜、子出来おんだ祭【川西町・六県神社】2/11、だだおし【桜井市・長谷寺】2/14、祈年祭【橿原市・橿原神宮、桜井市・大神神社】2/17

社寺

泊まる

INDEX

食べる

買う

観る・遊ぶ

奈良県内アクセスガイド

駅近レンタカー情報

自由気ままに奈良山間部を巡る

山間エリアを縦横無尽にめぐりたいときの移動手段はクルマが基本。JR・近鉄奈良駅、また近鉄大和八木駅駅周辺はレンタカーサービスが充実。

■JR奈良駅

●JR西日本レンタカー＆リース㈱奈良営業所
奈良市三条本町1-1 JR奈良駅構内
0742-26-3929
営業時間／8時～20時

●㈱トヨタレンタリース奈良本社・奈良店
奈良市杉ヶ町31
0742-22-0100
営業時間／8時～20時（12/31～1/6は9時～17時）

■近鉄奈良駅

●㈱トヨタレンタリース奈良近鉄奈良駅前店
奈良市西御門町11-4
0742-26-2229
営業時間／8時～20時（12/31～1/6は9時～17時）

●㈱日産フィナンシャルサービス日産レンタカー近鉄奈良駅前店
奈良市高天町16
0742-23-4123
営業時間／8時～20時

●㈱ニッポンレンタカーサービス近鉄奈良駅前営業所
奈良市中筋町1-1
0742-24-5701
営業時間／8時～20時（12/31～1/3は9時～18時）

■近鉄大和八木駅

●㈱トヨタレンタリース奈良橿原店
橿原市北八木町1-160-1
0744-25-1620
営業時間／8時～20時

●㈱ニッポンレンタカーサービス近鉄八木駅前営業所
橿原市内膳町4-1-3
0744-22-4352
営業時間／8時～20時（12/31～1/3は9時～18時）

■橿原神宮前駅

●大紀レンタカー
橿原市久米町641-22
0744-28-0854
営業時間／8時～18時

タクシー

地元のディープ情報が聞けるかも

目的地を効率的に回れる観光タクシー。地域に詳しい運転手さんのガイドも魅力だ。「奈良まほろばソムリエ」資格を持つ運転手さんもおいでだそう。

■観光タクシー

●奈良近鉄タクシー
0120-123-558　0742-22-5501（奈良市）
0744-22-2141（橿原市）

●大和交通（カイナラタクシー）
0742-22-7171

●服部タクシー　0120-225-521　0742-50-5521

●壷阪観光　0120-52-2536
0444-54-2070（明日香営業所）
0744-22-6251（橿原営業所）

●大淀タクシー　0747-52-2049

●千石タクシー　0120-84-1986　0747-52-2555

電車

車窓から眺める景色も旅の楽しみ

各鉄道会社で取り扱われている周遊きっぷをチェックしてみよう。往復の電車賃が割引価格になったり特典がつくことも。バスとのセット券もあり。

■近鉄のおとくなきっぷ

例えばこんなきっぷがあるよ！

●土日を含む連続3日間近鉄全線が乗り降り自由
「近鉄週末フリーパス」

●桜井駅と天理駅を使って古道を歩きたい人に
「山の辺の道散策割引きっぷ」

●天川村洞川温泉センター入湯料金割引券付
「洞川温泉・みたらい渓谷散策きっぷ」

問合せ）近鉄旅客案内テレフォンセンター　06-6771-3105

■関西各線出発のきっぷ

●各社線の指定発駅区間＆近鉄電車フリー区間乗降自由
「古代ロマン飛鳥日帰りきっぷ」

問合せ）阪神電車運輸部営業課／06-6457-2258
山陽電車鉄道営業部営業課／078-940-5132
阪急電鉄交通ご案内センター／0570-089-500・06-6133-3473
北大阪急行電鉄／06-6865-0645
京阪電車お客さまセンター／06-6945-4560
近鉄旅客案内テレフォンセンター／06-6771-3105

●奈良を含む関西エリアで電車・バス乗り放題
「スルッとKANSAI 2day／3dayチケット」

購入）関西在住の方用はスルッとKANSAI加盟各社局で、関西以外に在住の方用は近畿2府4県（大阪・京都・兵庫・奈良・和歌山・滋賀）および三重県下を除く、取扱い旅行会社の主要支店・主要営業所・主要旅行センター・コンビニエンスストアマルチメディア端末で発売

バス

バスを使いこなして大和路を満喫

日本一長い路線バスを自由乗降できたり、路線バス的に使える観光バスがあったり。奈良交通バスを使いこなせば旅のバリエーションが増える！

■奈良交通定期観光バス

例えばこんなコースがあるよ！

●JR・近鉄奈良駅出発で現地解散する「斑鳩ゆうゆうバスライン」

問合せ）奈良交通総合予約センター　0742-22-5110

■指定区域内の奈良交通バス乗り放題

例えばこんな乗車券があるよ！

●奈良の寺社巡りにお得な1日乗り放題「奈良・大和路 2 Day Pass」

●指定区域内の路線バスが1日乗り放題　「168バスハイク乗車券」

●指定区間の近鉄と奈良交通バスが乗り放題
「奈良世界遺産フリーきっぷ奈良・斑鳩・吉野コース」

問合せ）奈良交通お客様サービスセンター　0742-20-3100

奈良県内 電車バス 路線図

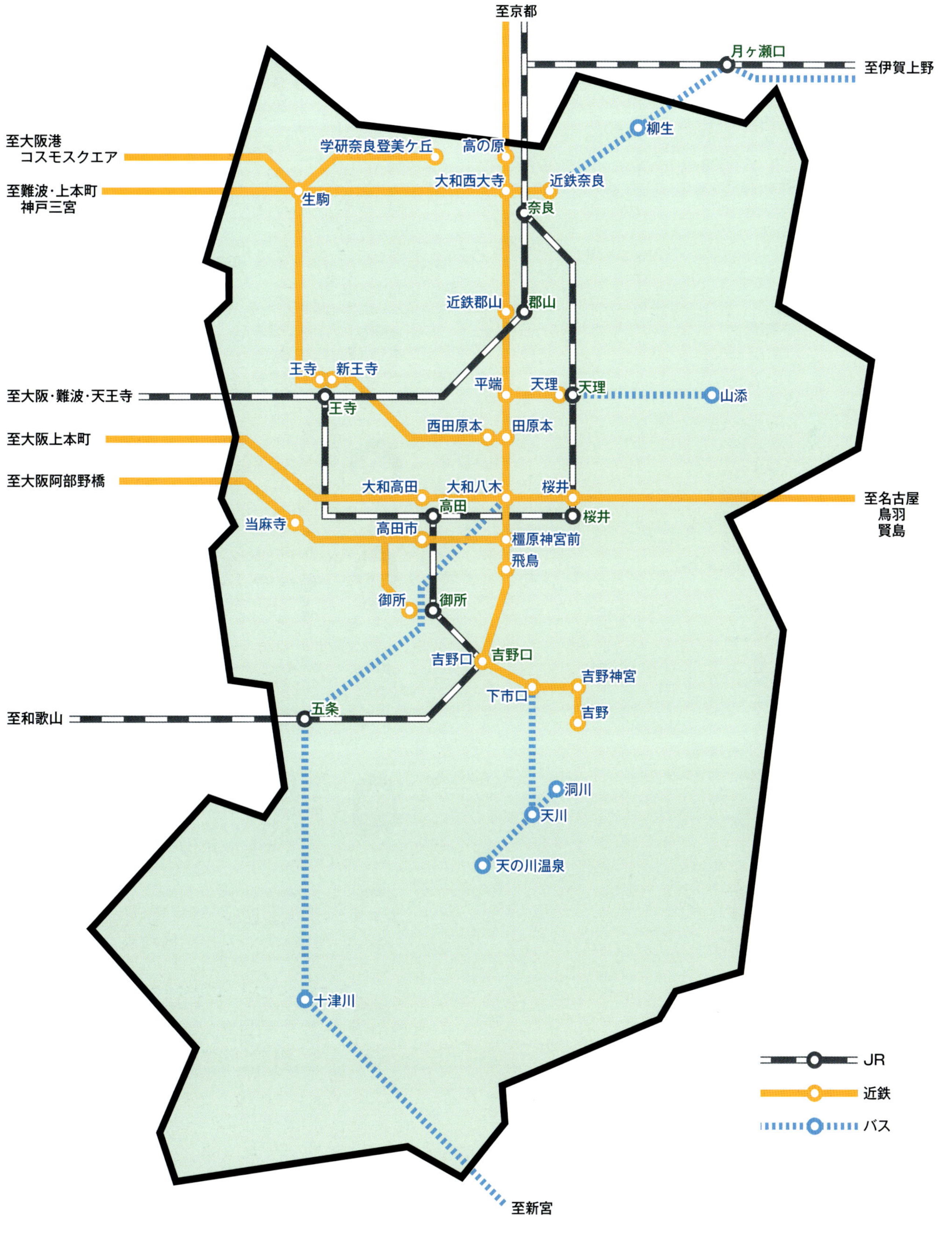

編集者	すながわみほこ・もりきあや
発行者	内山正之
発行所	株式会社 西日本出版社
	http://www.jimotonohon.com/
	〒564-0044
	大阪府吹田市南金田 1-11-11-202
	TEL.06-6338-3078　FAX.06-6310-7057
	郵便振替口座番号　00980-4-181121

STAFF

企画・編集	すながわみほこ
	もりきあや
取材・執筆	赤司研介
	油井康子
	新井忍
	生駒あさみ
	磯崎典央（吉野スタイル）
	園城和子
	工藤淳史
	栗野義典
	naka（奈良に住んでみました）
	西久保智美
	東義仁（weather）
撮影	赤司研介
	大西としや
	片山俊樹
	越出進哉
	都甲ユウタ
	野口あすか（ねじまき堂）
	MIKI（脇坂実希）
	山本茂伸（吉野スタイル）
デザイン	石田しずこ
地図制作	菊宮健一（MOMO Design Work）
イラスト	上村恭子
	つまびきや
	ぴぴぴ
	むかいあつこ
	渡會奈央（ねじまき堂）

取材・撮影・制作にご協力いただきました皆様に、心よりお礼申し上げます。

© すながわみほこ・もりきあや　2015 Printed in Japan
ISBN978-4-901908-93-1

くるり　かつらぎ・飛鳥・吉野大峯
＋十津川・桜井宇陀・大和高原
2015年4月21日初版第一刷発行

編集後記

すながわみほこ
知らないことばかりだなぁと、楽しいこと面白いことがたくさんあるなぁと、いつも思います。いろんな人が思ういろんな奈良の素敵さを、これからも聞かせて貰えたらうれしいです。ご協力くださったすべての方にお礼申し上げます。

もりきあや
「ここっていいところでしょ！」といっぱい自慢してもらいたい。そう思って、各エリアへの思い入れが強い方々に、企画段階からご協力いただきました。できあがってみると、お願いして良かった〜としみじみ。好きな奈良が増えていく♪

赤司研介／飛鳥エリア担当
大好きな飛鳥を、飛鳥資料館の元学芸員である成田さん、明日香村のガイドである寺西さん、そのほかたくさんの人に協力いただいて紹介できたことがうれしかったです。この場を借りてお礼申し上げます。ありがとうございました。

磯崎典央／吉野大峯（吉野町）エリア担当
吉野に来るとほっとするのは、生活に古代が息づいているせいかもしれません。山で心身を鍛練する修験者の姿を日常に目にする吉野大峯。犬を飼わないという古来の不文律が今も生き続く国栖。そんな暮らしが佇まいとして残るのが吉野です。

西久保智美／吉野大峯（天川村）・十津川村エリア担当
真夏のとても暑かった日のこと。大和郡山のK coffeeで、編集さんを前にひたすら奈良の「みなみ」の話をしていた記憶があります。ここで紹介できたのは、ほんの一部。まだまだ伝えたい「みなみ」の話がいっぱいあるのが、ちょっぴり心残り。

栗野義典／桜井宇陀エリア担当
印刷の営業の傍ら、やまとびとの編集に関わって十数年になります。縁あって根を下ろしたムラの生活にも馴染み、いよいよ本当に「やまとびと」になったつもりですが、まだまだ新鮮な驚きがいっぱいです。奈良県中南部っていいとこですよ。

東義仁（weather）／大和高原エリア担当
取材のなかで縄文気質な「山添」と弥生気質な「都祁」という話をきいた。山が高く狩猟民で直感的に動くのと、平地も多く稲作民で理屈で動く。なるほど、とすれば山添生まれの母と、都祁生まれの父を持つ僕はハイブリッドである（笑）

発売／西日本出版社　http://www.jimotonohon.com/
地元発信「くるり」シリーズ
兵庫県もなかなか奥深い
遊びと自然の
美味しいもの
大阪・神戸・京都からおおよそ一時間、
近場の楽園、丹波地方に車でおいで。
特集　丹波パワースポットめぐり／絶景　丹波三大山城
丹波を食べつくす
眺めのいいカフェ
野菜直売所・黒豆畑
丹波で温泉三昧
編著　ウエストプラン
本体価格907円（税別）　AB判並製128P
京都・大阪・神戸からおおよそ1時間で行ける美味しい楽園
くるり
丹波・篠山
+福知山・綾部・京丹波・南丹
里山の味
故郷の味
自然の中でのんびり遊ぼう
絶景カフェでお茶しよう
新鮮野菜を買いに里山へ
丹波で温泉三昧
大江山の鬼伝説を訪ねる
食べる・遊ぶ・買う
全396件掲載
遊びと自然とおいしいもんを求めて兵庫と大阪の郊外へ
くるり
宝塚・川西
+能勢・猪名川
里山ドライブ
街なかあそび
四季のお湯遊び
お散歩グルメ&絶景カフェ
スイーツ&パン
自然の恵みを買いに行こう
能勢電ぶらりレトロ旅
食べる・遊ぶ・買う
全350掲載
妙見山ピクニック
遊びと自然とおいしいもんを求めて
兵庫と大阪の郊外へ
特集　里山ドライブ・街なかあそび
お散歩グルメ＆絶景カフェ
地元っ子推薦スイーツ＆パン
自然の恵みを買いに行こう
編著　神戸三田の情報誌CHIFFON
本体価格 907円（税別）　AB判並製128P
ようこそ！おいしい三田・北神戸・西宮北、
日帰りでも楽しい、有馬温泉へ。
特集　ロケーショングルメ
三田・北神戸・西宮北　名品発掘
三田スイーツ散歩
インタビュー　パティシエ エス コヤマ 小山進さん
日常使いの有馬温泉
編著　神戸三田の情報誌CHIFFON
本体価格 933円（税別）　AB判並製128P
おいしいごはん、カフェ、里山、歴史、文化、初めてのエリア本
くるり
三田・北神戸
+西宮北・有馬温泉
景色もおいしいロケーショングルメ
おいしい名品発掘
三田スイーツ散歩
味覚狩り・花巡り
日帰り有馬 ランチと温泉
船坂 心の休日
神戸三田プレミアム・アウトレット
KEY MAN インタビュー
話題のあの店
全300店掲載
全国書店にて発売中

よみたい万葉集

読んでから行くと、行く先々で
万葉人の声が聞こえてきます

一三〇〇年も前に
メールのように遣り取りされた
無数の歌がここにはあります。

- 万葉集全20巻掲載内容早見表
- 枕言葉マップ
- 四季と行事万葉年表他
- 資料編も充実

著者　まつしたゆうり
松岡文
森花絵
監修　村田右富実（大阪府立大学教授）
助手　阪上望

万葉集を読むと感じる私たちと同じ思い、
驚きがいっぱい万葉人が見ていた世界。

◆主な登場人物

柿本人麻呂《かきのもとのひとまろ》

神と崇められる
天才歌人

大伴家持《おおとものやかもち》

ちょっぴり粘着質な
愛されキャラ

大伴坂上郎女《おおとものさかのうえのいらつめ》

女らしさも合わせ持つ
大伴家持の女性のトップ

A5判並製140P　フルカラー
定価1400円＋税
ISBN978-4-901908-94-8

発行：西日本出版社